柳瀬尚紀

# ことばと遊び、言葉を学ぶ

日本語・英語・中学校特別授業

河出書房新社

# ことばと遊び、言葉を学ぶ　目次

# 第3章
# 筑紫《つくし》のひかり——久留米大学附設中学校特別授業



OEDで久留米を調べる／とてつもない規模の英語辞典OED／辞書の「語源」に親しむ／dictionaryとは「字引く書なり」／「附設」を求めて辞書をさまよう／高校時代に読んだ英和辞典／本当の語学の天才が作った辞書／ヨレヨレになり、手垢《てあか》にまみれ、くさくなるほど読んだ／『齋藤中英和』を中学生が読めるかどうか試してみる／やさしい動詞や前置詞を徹底的に読むこと／前置詞 **on** だけで十ページを超える／顔の部位もついでに知る／なぜ、漢字の一点の格差について騒がないのか／英和辞典を読むために漢和辞典を引く／ガールフレンドを携帯《けいたい》して小書《こびる》に行く／でっかちない間違い／ご飯が米糊に「なる」／弁慶式やり方と牛若丸式やり方の違い／小さな国語辞典を徹底的に読む効用／『新明解国語辞典』の傑作定義のいくつか／ナンセンス詩とはどんなものだろう／エドワード・リアのリメリック／その角をミギリに入ってください／エドワード・リアとはどういう人物か／英語では親指は指の仲間ではない？／文学史上最も有名な猫のひとり／「死んだネズミ」か「鼠の死骸」か／時間の経過を見落としてはいけない／アナグラムの快い笑い／回文はむずかしい／ツイッターについての私見／シャープペンシルには無駄な意識が働く／感想文から／【コラム④】引くだけでなく読むための辞書／【コラム⑤】『新明解国語辞典』の面白定義あれこれ

# ことばと遊び、言葉を学ぶ

——日本語・英語・中学校特別授業

# まえがき

生れて初めて小学校で授業をするという体験をした。

島根県美郷町立邑智《おおち》小学校六年一組の十六名――これが六年生全員である。二〇〇九年十月と翌二〇一〇年二月の二回、この小さな小学校の小さなクラスで授業を行ったのだ。

その授業に生徒たちの文章と一回の架空授業を書き加えたものが、『日本語ほど面白いものはない』（新潮社、二〇一〇年十一月）という一冊になって刊行された。幸い、少なからぬ好意的な読者に恵まれ、いくつもの好意的な書評にも恵まれた。

邑智小学校での授業は、島根県の無店舗書店「子どもの本屋さん」をたった一人で切り盛りしている女性、松本栄野《まつもとしげの》さんからの依頼が始まりだった。松本さんは《ロアルド・ダール コレクション》（評論社）の柳瀬翻訳と訳者あとがきをたいへん気に入ってくれて、そのことがそもそもの発端になった。松本さんが邑智小学校にはたらきかけて実現したのである。

この本がきっかけで、今度は中学校で同じような授業をしてほしいという依頼を受けた。滋賀県長浜市の市立西中学校からである。

今回の中学校授業も、始まりはやはり女性、長浜市立西中学校PTA研修部長・大野里美さんや図書ボランティア・澤﨑恭子さんを初めとする研修部（全員女性）の発案だった。

PTA研修部の規約は「会員相互が子供に関してや教育に関して学習しあう場を設定したり、会員の生涯学習の場として、講演会、見学会などを企画開催する」というもの。講演会に関しては、年一回が慣例になっている。しかしすでに茶道・小堀遠州流の講師が決っていたので、役員会で大野里美さんが柳瀬尚紀を呼びたいと発言した際には、それがすんなり受け入れられたわけではない。年に二人の特別講師を招くのは前例がない。二人招くとなれば、特に公立校であるから授業時間割や予算の変更・調整などさまざまな面倒を伴う。研修部とPTAと学校側の話合いが複数回あった。幸いにして、片山勝校長は、「前例がない」という管理職言語しか話せない人ではなかった。結局は、積極的に協力してくれることになった。

以上の経緯は、特別授業後、たぶん半年以上たってから知った裏話。ともかくもそういう経緯があって、大野里美さんから依頼の手紙が届いた。一節を引くと――

柳瀬先生のお名前は、中二の娘がロアルド・ダールの作品を読んで「ケラケラ」と笑っているので以前より存じ上げておりました。「この本めっちゃおもしろいやら、読んで!!」と勧められ、読ませてもらいました。『アッホ夫婦』のミミズのスパゲティには、「えッ!! ちょっぴり怖い」と思いましたが、それを笑っている娘に「ブラックジョークが分かるんだ」と心の成長を感じました。

邑智小学校のときと同じく、《ロアルド・ダール コレクション》が一役買っている。そしてコレクションの一冊がこういう親子読者に恵まれているのを知って、おおいに嬉しくなった。しかも親が子に勧めるのではなく、子が親に勧めるという読書の形があるのを知って、二重に嬉しくなった。

ところで「めっちゃおもしろいやら、読んで!!」の「やら」は、初めて目で聞く「やら」だった。意味の見当はつかないこともないが、初めて目にするもので、正確にはわからない。『日本国語大辞典』(小学館)に当った。方言として収録され、こう定義されている。

《断定を表わす。奈良県吉野郡「思うのやら」》

奈良県吉野郡の方言が滋賀県長浜市に移住して、今も在住しているというのは興味を引く。筆者が地方へ出かけるたびに期待を抱くのは、まずその地特有の旨《うま》いもの、そしてその地独特の言葉である。旨いものは措《お》くとして、長浜市にはなにか筆者の知らない言葉がありそうな気がする。長浜市訪問へ気持が動いた一因であった。

ところがこれまた、特別授業後、たぶん半年以上たってから知ったのだけれど、《長浜では「やら」という方言は聞いたことがありません》と、大野里美さん。「やら」について確かめるメールを送ったときの返信である。《悪筆ゆえ、先生が「から」を「やら」とお読みになったかと思います。》

しかし悪筆どころか実にていねいな文字である。メールを受信したときにも、これを書いている今も、何度見直しても「から」でなく「やら」。言葉にうるさいらしき柳瀬尚紀を長浜市へ誘うべく、大野さんは無意識の誤記をしたのではなかろうか。

もう一つ、特別授業を終えて東京へ帰ってから、評論社の編集者が長浜市からのこんな読者カードを探し出してくれた。《ロアルド・ダール コレクション》の一冊、『ガラスの大エレベーター』の読者カード。

一人で読むのがもったいないから、姉と母に薦めて本のおもしろかった所を話し合って盛り上がっています。言葉の使い方おもしろい！

13歳　大野里沙子

長浜特別授業は大野家の親子読者が早くから企画していたかのようだ。

そして事実、特別授業は「親子講演会」という枠組のなかに設定されている。一年生から三年生まで、五百五、六十人の生徒を同時に相手にして、しかも保護者にも興味をもってもらえそうな話の展開を求められているわけだ。演題は「コトバ　ことば　言葉」と決めて、さまざまな語をコラージュにしたプリント（次頁参照）を用意して臨んだ。

**ayu** : a small salmonlike anadromous fish of Japan that is highly esteemed as a food fish

الفلسفة loach school a school of ayu

a school of loaches

المدرسةهيموٴسسةتعليميةيتعلمبهاالتلاميذالدروسبمختلفالعلوموتكونالدرا

학교

مدرسة σχολείο szkoła школа escuela

โรงเรียน trường học okul škola scuola

école Schule

●滋賀県北東部の地名。琵琶湖に面する。古くは今浜と称し、室町末期に京極氏の臣上坂氏の居館が置かれた。のち浅井氏の領地をへて羽柴（豊臣）秀吉が築城、現在名に改めた。その後は城下町・港町として発展。江戸時代は彦根藩領。縮緬・ビロード・蚊屋を特産。昭和一八年（一九四三）市制。

零

肖 肖

長浜（滋賀県） 濱 諛 父 學校

나가 하마

Long Beach（California）

long distance long face long tongue

長 距離 長 顔 長 舌

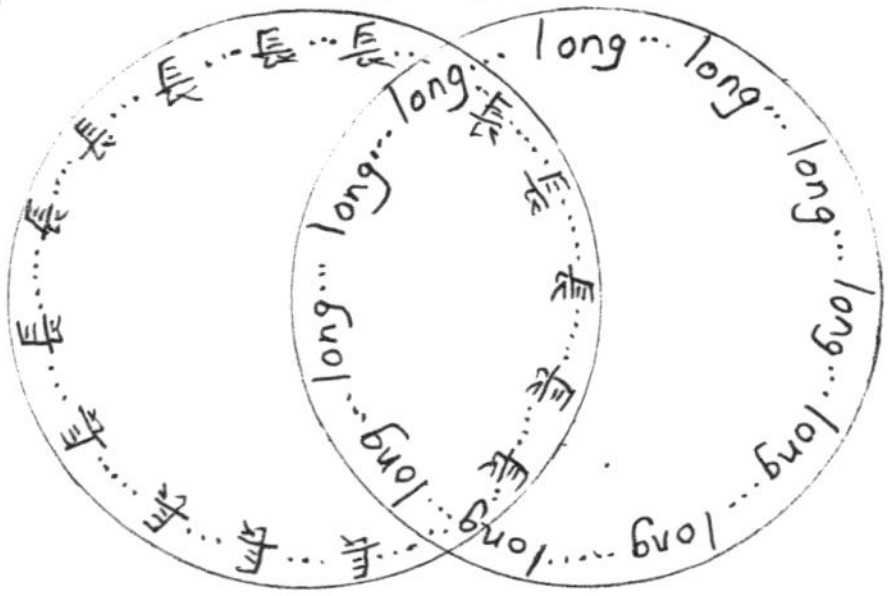


ㅏ a
ㅑ ya
ㅓ eo
ㅕ yeo
ㅗ o
ㅛ yo
ㅜ u
ㅠ yu
ㅡ eu
ㅣ i
ㅐ ae
ㅒ yae
ㅔ e
ㅖ ye
ㄱ k/g
ㄴ n
ㄷ d
ㄹ r/l
ㅁ m
ㅂ b
ㅅ s
ㅈ j
ㅎ h
ㅊ ch
ㅋ k

Miss Kimberly Ann Conner

Mr. Imani Dante Hotty

州名の起源:スー族(Siouan Indian)のカンサ族

Kansa)の言葉で"people of the south wind"を意味し,もと川の名.

Penn William(1644-171

The fall (bababadalgharaghtakamminarronnkonnbronntonnerronntuonnthunntrovarrhounawnskawntoohoohoordenenthurnuk!)

f a once wallstrait oldparr is retaled early in bed and later on life down through all christian minstrelsy. The great fall of the offwa

# 第1章　近江《おうみ》の子らよ――長浜市立西中学校特別授業（二〇一一年十二月二日）

## ナナが出しゃばりシチが流れる

以下の特別授業は当日の録音（大野さんが録画したＤＶＤ）を基にして、できるだけ口調を変えずに、修正や加筆をほどこしたものである。用意してあったけれど限られた時間内で割愛《かつあい》せざるをえなかった材料も、ここに加えておく。

☆

こんにちは、柳瀬尚紀です。

長浜市へは初めて来ました。来る前に調べましたら市になったのが一九四三年、昭和十八年なんですね。ぼくの生れた年と同じなので、同じ年齢、なにか妙な縁《えん》を感じました。プリントにあるのは『日本国語大辞典』という日本最大の国語辞典の【長浜】です。

滋賀県北東部の地名。琵琶湖に面する。古くは今浜と称し、室町末期に京極氏の臣上坂氏の居館が置かれた。のち浅井氏の領地をへて羽柴（豊臣）秀吉が築城、現在名に改めた。その後は城下町・港町として発展。江戸時代は彦根藩領。縮緬・ビロード・蚊屋を特産。
昭和一八年（一九四三）市制。

（生徒の一人にこれを朗読してもらう。「居館《きょかん》」以外はほぼすらすらと読めるようなので、日本語の学力はある程度推測できた。）

市になって再来年でナナジュウネン、長浜市ナナジッサイの誕生会があるのなら、ぼくも出席したいなんて思っています。

それからもう一つ、ぼくは北海道の根室、日本の最東端の生れなんですが、父親が滋賀県の出身なんです。ぼくが中一のときに他界しましたが、若いときにこの滋賀県から北海道の根室へ親戚を頼ってやって来たらしい。若い頃の父親について詳しいことはほとんど知りませんし、父親とは大人としての付合いがまったくなかったのですが、しかしルーツが滋賀県というのは妙な縁だと思います。

ところで今、ぼくはナナジュウネン、ナナジッサイと言いましたが、実はわざとそう言いました。ナナジュウネン前には、ナナジュウネン、ナナジッサイという言葉はなかったんです。

少し古い和英辞典で、ええと、ナナジュウは英語でなんと言うんだっけと探しても nanaju はない。シチジュウ shichiju しか載っていません。ぼくの家はシチニンきょうだいでした。子供の頃、ナナニンきょうだいという言葉はなかった。ところが今は、ナナニンやナナジュウネンがふつうになっているようです。

時代とともに日本語の音が変ってくるのは仕方ないのですが、ただ、間違いがぐんぐん広まってしまうのはどうかなとは思います。テレビでナナガツナナニチとかナナガツジュウナナニチというのを聞いて、びっくりすることがあります。七月七日《しちがつなのか》、七月十七日《しちがつじゅうしちにち》ですね。今日は十二月二日《ふつか》です。明日は十二月三日《みっか》です。だれも十二月ニニチ、十二月サンニチとは言わない。しかしそのうちに十二月ニニチや十二月サンニチが堂々と街を歩くのではないか……そんな心配をすることがあります。

シチとナナについては『日本語は天才である』（新潮社、二〇〇七年二月）という本にやや詳しく書きましたので、ここまでにしておきます（一九頁コラム①参照）。ちらっとでけっこう、頭に入れておいてください。

（二〇一二年十一月十六日、衆議院が解散になった。衆議院議長は高らかに宣言した。「日本国憲法第ナナ条により衆議院を解散する」。しかも議長は筆者より年上の人だ。七《シチ》はとっくに質流《しちなが》れになって行方不明らしい。かつての明治憲法「第七條　天皇ハ帝國議會ヲ召集シ其ノ開會閉會停會及衆議院ノ解散ヲ命ス」は、けっして第ナナ條ではなかったはずである。まさかとは思うが、若い先生は生徒に聖徳太子の憲法十ナナ條を教えているのだろうか。）

## 手作りの凝《コ》ラージュで

さて、今日は言葉についてお話しをするのですが、こうしていっぺんにたくさんの人たちに話さなくてはならない。五百五十人、六十人かな、それも中一から中三までいっぺんに……それであれこれ考えて、いま皆さんにコピーが渡っている妙なものをこしらえたわけです。

かなりいろいろ、たくさんの言葉を切り貼りしてあります。これが美術作品ならコラージュCollageという。本来はフランス語で、「糊付《のりづ》け」の意味です。英語でもコラージュ。ま、これは作品なんていう立派なものじゃないけれど、いちおうぼくなりに凝《こ》って作りました。だから、「凝《コ》ラージュ」にはなっているかもしれない。

そうそう、筒井康隆『現代語裏辞典』（文藝春秋、二〇一〇年七月）という本があります。辞典の体裁《ていさい》で書かれた本ですが、次の項目がある。

**【コラム①】シチとナナについて**

「七」の読み方に、ぼくはこだわりがあります。
こだわり始めたのは、羽生善治さんが将棋界の七つのタイトルを独占した大事件のときです。一九九六（平成八）年二月十四日、七冠達成の大事件でした。（中略）
すでに六冠の時点で、「七冠」「七冠王」の活字が新聞や雑誌に躍っていました。そして耳に聞こえてくる音は、ナナカン、ナナカンオウばかり。それが達成されて、テレビ局もこぞってナナカンオウと報じました。全国でナナカンオウの大合唱となったのです。
七冠——冠をカムリ、もしくはカンムリと読むのなら、ナナカムリ、ナナカンムリでしょう。冠をカンと読むなら、シチカンでしょう。
たとえば、一段落はイチダンラクです。ヒトダンラクではない。一目惚れの一目はヒトメですが、一目置くの一目はイチモクです。一足違いの一足はヒトアシですが、一足飛びの一足はイチソクが促音便となってイッソクです。
七も同じように、次に和語・和訓がくる場合はナナとなり、漢語・字音がくる場合はシチになります。（中略）
七月七日はシチガツナノカです。日をカと読む和訓は「和語の数詞に付く」と国語辞典に明記されている。ナナガツナナニチではありません。

——『日本語は天才である』（二〇〇七年新潮社）

こりしょう【凝り性】柳瀬尚紀。

筒井さんの定義はこれだけですから、「凝り性」のふつうの意味はふつうの国語辞典で調べてください。

見たこともない漢字や横文字があったりして、何が書いてあるのか、わからないよね。そう、わからなくていい。五十分の一、いや五百分の一わかればいいかな。わかるわからないより、この全体の五十分の一くらいに興味を持ってくれたらいいなと思ってこしらえたものです。

今日のタイトルは、あそこのパネルに出ているように「コトバ ことば 言葉」です。意味は同じだけれど、別の顔をしている。カタカナの顔、ひらがなの顔、漢字の顔。日本語はこういうふうに三通りに書くことができる。日本語の大きな特徴です。

漢字の顔としては、ほかにも「辞《ことば》」あるいは「詞《ことば》」というのもあります。あるいはまた、ぼくの大好きな猫は——猫といっても夏目漱石の『吾輩は猫である』の猫は——「人間界の語《ことば》」というふうに「語」という字をコトバと読ませています。森鷗外もやはり「語《ことば》」でした。

顔といいましたが、文字の顔を「字面《じづら》」といいます。文字の面《つら》ですね。室町時代にはジメンという読みもあったようです。

字面という言葉をぼくが覚えたのは大人になってからですが、「つら」という言葉は、皆さんの場合もそうでしょうが、子供のときに覚えました。ただ、子供心にもなんとなく「つら」という言葉が悪い言葉のような感じで……品のないというか、行儀の悪い感じ……先生や親に教えられたわけではないけれど、そんな語感の言葉として自分の中に入ってきたと思います。

女の子は使わないでしょ？　「だれそれちゃんのお母さんはつらがいいからうらやましい」なんて言わないね。男の子でも「うちのおばあちゃんは昔つらがきれいだったんだって」なんて言わないよね。

日本語という空間の中で生きていると、教えられなくても言葉の品格のようなものをなんとなく感じ取ってしまう。不思議といえば不思議です。

## 字《じ》面《づら》と面《つら》とツララの関係

不思議といえば、どうして文字には顔でなく面《つら》を使ったのでしょう。いつか気になって調べてみたことがあるのですが、わかりません。しかしなんだか文字にもうしわけない気がします。

それで思い出しました。

ぼくは子供の頃、「つら」と「つらら」のつながりをかなり本気になって考えたことがあります。本気になって、つらつら考えた。つらつらは漢字で書くと熟《つらつら》。つまり、子供なりにツララを熟視《じゆくし》して、ツララについて熟考《じゆつこう》したわけです。

ツララのおしまいのラは、アイツラとかオマエラと言うときの複数のラだろうか、と、そんなふうに考えたんです。なにしろ北海道根室のツララは窓をふさぐくらい太い。かつまた厚い。氷の面《つら》たちがごつごつ何重にも重なっているようにも見えますからね。

田舎の少年国語学者の想像はさておき、本物の国語学者の間でもツララの語源は明確になっていません。二つ三つの説がありますが、これぞそうだ、とうなずけるものはないようです。

ツララを漢字で書くと、ふつうは「氷柱」です。

ところが『新明解国語辞典』（三省堂）には「汴」という漢字が載っている。

【汴】水のしずくが凍って棒状に垂れ下がったもの。

この漢字を誰が初めてツララと読んだのか、ずっと疑問のまま、出所がいまもってわかりません。

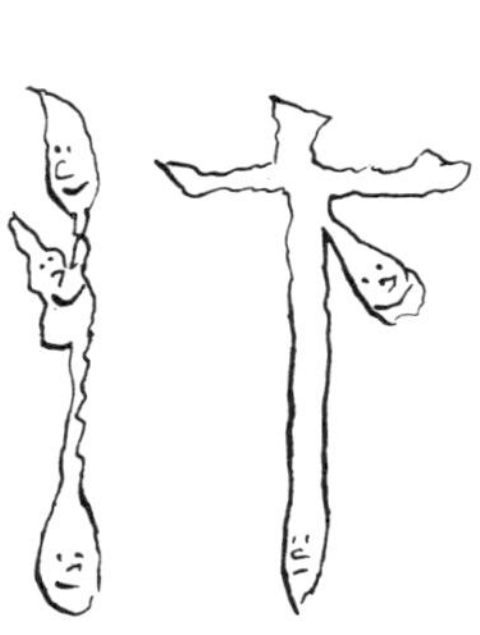

それから、ツララにはもう一つ、

淞（板書）

という字もあります。どことなくツララに似ていなくもない。

「汴」も「淞」も皆さん初めて見た文字でしょうが、手元のプリントにも見なれない漢字がありますね。

父（板書）

皆さんは「父」と書きますね。しかしこの古い字はここが――乀――違う。これは――乀――斧《おの》なんです。昔のお父さんは斧を持って厳《いか》めしかった。家の中でいちばん偉かった。今のお父さんは家の中であまり偉くないらしくて、厳めしくもない。だから斧の刃の部分が自然にぽろっと欠けてしまった。

それは冗談ですが、実は父から乀を取っ払って父にしたのは、政府というか文部省というか、今でいう文部科学省、あるいは国語審議会……ぼくはそういうお役所や組織についてよく知りませんが、要するに漢字のことをてんでわかっちゃいない人たちの集りが、教育漢字だ、当用漢字だ、常用漢字だと言い出して、漢字をつぎつぎに改変しちゃった。ぼく自身も、そういう学校教育のもとで育ちました。

「てんでわかっちゃいない人たち」と言いましたが、白川静という大先生、大学者はそういう人たちを「字《じ》形学的《けいがくてき》無智《むち》」と言っています。文字の形についてなんにもわかっちゃいないという意味です。

## 「長濱」の「濱」の謎

長浜は、昔は長濱と書かれた。

泉鏡花「高野聖」（明治三十三年、一九〇〇年発表）という有名な作品に、つぎのような一節があります。

> 岐阜《ぎふ》では未《ま》だ蒼空《あをぞら》が見《み》えたけれども、後《あと》は名《な》にし負《お》ふ北國空《ほくこくぞら》、米原《まいばら》、長濱《ながはま》は薄曇《うすぐもり》、幽《かすか》に日《ひ》が射《さ》して、寒《さむ》さが身《み》に染《し》みると思《おも》つたが、柳《やな》ヶ瀬《せ》では雨《あめ》、汽車《きしや》の窓《まど》が暗《くら》くなるに從《したが》うて、白《しろ》いものがちら〳〵交《まじ》つて來《き》た。

滋賀県の柳ヶ瀬峠とぼくの苗字・柳瀬とにつながりがあるのかどうか知りませんが、瀬が「瀬《せ》」になっているので引きました。それと、ぼくはきのう、新幹線の米原駅で降りて、ここ長浜へ来たからです。

この「濱」という字をよく見てください。

濱（板書）

左側はヘンといって「偏」と書く。この場合のヘン「氵」はサンズイですね。
右側はツクリといって「旁」と書く。ツクリをよく見ると――

賓（板書）

なにか見たことのある字かな？
来賓《らいひん》、国賓《こくひん》、貴《き》賓席《ひんせき》、賓客《ひんきゃく》……お客の意味の「賓《ひん》」ですね。

# 賓（板書）

この文字は常用漢字という部族の一員ですが、でも、顔がちょっと違う。濱のツクリと違いますね。ここが――少と少が――違うんです。

『角川新字源』（角川書店）には、この常用漢字（賓）が「もと誤字による」と明記されています。夏目漱石でも森鷗外でも芥川龍之介でも、誤字は使わなかった。ちゃんと濱のツクリの「賓」を書いている。

ところがこの「もと誤字《ごじ》」が政府公認になったんですね。たんに公認というより、政府が「もと誤字」を使えと、そういう命令を下したわけです。だから今では、新聞、教科書、参考書、小説などの本、とくに手軽に買える文庫本……皆さんがふつう目にする刊行物からは、いわゆる正字《せいじ》がすっかり消えてしまった――正字で書くと、「消」えてしまった。

この本でも同じです。ぼくの名前「ナオキ」のナオは本来は「尙」だったのに、表紙でも「尚」となっています。政府決定には逆らえません。出生届には「尙」となっていたはずです。

そういえば「届」も昔は「屆」でした。北海道東端の田舎町でも「屆」だった。

ついでにその「田舎」ですが、古い字、旧字では「田舍」です。

そうそう、イチロー選手のおかげで日本中に知られるようになったアメリカのワシントン州シアトル市――永井荷風『あめりか物語』ではこういうふうに出てきます。

舎路《シアトル》の日本人街《にほんじんまち》を見物しやうと思つて、或る土曜日の夜《よる》、こッそり其の方へ歩いて行つた。

「舎」路でなく「舎」路、「曜」でなく「曜」、「歩」でなく「歩」――皆さんは全員、あるくを「歩」くと書きますね。ぼくも「歩」くと書く。しかし正しくは「歩」なんです。ぼくらがふつうに書くのは教育漢字という。『角川新字源』には、この「教育漢字は字画を誤った俗字による」と明記されています。皆さんもぼくも、間違った俗字《ぞくじ》を教育されてしまった。

漢字の話を始めると、いくらでもしゃべってしまいそうですから、これくらいにしておきます。日本語は漢字を抜きにして成り立ちません。ぼくのおしゃべりをきっかけにして皆さんが漢字に興味をもってくれれば嬉しいです。

## 塩焼きでも甘露煮でもアユはご馳走

長浜といえば琵琶湖、琵琶湖といえばアユが有名です。正確には小ぶりのアユ、コアユと呼ぶそうですね。たいていは甘露煮《かんろに》にして食べると聞きました。

アユは「香魚」とも書きますが——独特のいい香りがしますからね——一字で書くと「鮎」。ただし中国では、「鮎」はナマズを表します。日本製の漢字では、ナマズは「鯰」——ちらりと覚えておいても悪くない。

ぼくは北海道の東端育ちなので、東京の大学へ入るまで鮎を知らなかった。いや、大学生時代も鮎には無縁でしたね。貧乏学生ですから、鮎を食べる食生活にはほど遠かった。鮎の味を知ったのはずっとあと、大人になってからです。その後、行きつけの店で毎年シーズンに塩焼きを食べていますが、しかししょっちゅう食べるわけではないので、鮎の塩焼きの食べ方は今でもへたです——秋刀魚《さんま》の食べ方はうまいけれど。

鮎の塩焼きは蓼酢《たでず》をつけて食べます。ぼくの場合は、東京で初めて鮎の塩焼きを知って、そのときに蓼酢を知りました。そして「蓼食《たでく》う虫《むし》も好《す》き好《ず》き」の蓼とはこれかと……つまり、「蓼食う虫も好き好き」は知っていたけれど、蓼そのものが何であるかはわかっていなかった。鮎のおかげで自分の日本語がちょっぴり広がった気がしましたね。

小鮎の甘露煮も塩焼きもご馳走ですが――この「馳走《ちそう》」というのは「走り回る」という意味で、昔はお客をもてなすために上等の鮎なんかを求めて走り回った、それで今の意味になりました。ぼくがそれを知ったのは高校生の頃かな、この語源を知ったとき、おおげさにいえば走り回りたくなるくらい嬉しくなったのは覚えています。おおげさな言い方をしましたけれど、言葉について知らなかったことを知ると楽しくなりませんか。

## 鮎と同じ音の言葉たち

さて、鮎のご馳走をここで出すことはできませんが、かわりにアユの「語《ご》」馳走《ちそう》を用意してきました。それがプリントにある「肖（肖）」と「零」です。ひらがなの「ゆ」を下に書いてください。

肖(肖)ゆ　（板書）

――アユと読みます。これは「なになに似る」という意味です。肖像《しょうぞう》という言葉がありますね。似せて描いた像です。不肖《ふしょう》の弟子とか不肖の息子という言葉は聞いたことがあるでしょう。また、「だれそれにあやかって」、「なになにあやかって」という言い方も聞きますね。あやかるを漢字で書くと「肖る《あやか》」。「肖(肖)ゆ」と「肖る」は兄弟か姉妹みたいなものです。

## 零ゆ（板書）

――これもアユと読む。零は、ふつうの意味はゼロです。「零ゆ」は花びらや水や汗なんかが落ちるの意味です。「こぼれる」の意味です。こぼれるは漢字で書くと「零《こぼ》れる」ですから、いっしょに覚えてしまうといいかな。

「肖(肖)ゆ」も「零ゆ」も古語《こご》で、今では使われません。そのうち古典に接するようになれば再会するでしょう。

もう一つ、これも古語ですが、

## 東風（板書）

――これもアユと読みます。文字どおり東の風です。

それからこういうアユもある――

## 阿諛（板書）

今の作家はあまり使わないかもしれないが、夏目漱石や森鷗外、いわゆる文豪と呼ばれる作家のものにはよく出てきます。「へつらう」の意味です。お世辞を言って、おべっかを使う。音が同じでもぜんぜん別の言葉がある。「同音異義語」といいます。このことは日本語の大きな特徴だといえるでしょう。ぼくがよく例に挙げるのは「コウショウ」という言葉です。小さな国語辞典にもコウショウは二十個くらい並んでいるはずです。大きな国語辞典を開くと、それはもう、あるわあるわ、いくつあるかというと……興味のある人は、図書館でかぞえてみてください（三三頁コラム②参照）。

## 世界の学校をのぞいてみる

いろんなアユを見たところで、今度はいろんな学校を見てもらいます。プリント上段の見なれない横文字——これはぜんぶ、学校という意味の言葉なんです。まずこれ、

مدرسة（板書）

（「アラビア語」と、生徒の声がある。）

そう、だれかが言いましたね、アラビア語です。

アラビア語は右から左へ書きます。簡単に判別できない文字ですね。

ぼくはかつてアラビア文字を正確に覚えようと思って、グラフ用紙で練習したことがあります。ところがじきに挫折——日本語の「あいうえお」をグラフ用紙で覚えようとしたら、かえってむずかしくなって覚えられない。それと同じで、アホなことをしたものです。

このアラビア語の発音は「マドゥラサ」とカタカナで発音を示している辞書もあります。「モダリサ」と「ムダリサ」をいっしょに発音したようにも聞こえる。

ぼくは、もう三十年近く前になるかな、いろんな国の言葉をちょっぴりずつかじる必要がありました。フランス語はまあまあ読めたし、スペイン語も辞書を引けばまあまあ読めましたが、知らない外国語をちょっぴりずつ知らなくてはならなくなった。

たとえば北欧の国の言葉、フィンランド語、ノルウェー語、スウェーデン語……あるいは東

## 【コラム②】同音異義語について

たとえば、日本語には同音異義語が多いというようなことを漫然と口にするのではなく、とにかく辞書を引きに引く。コウショウという音の語は、固有名詞もふくめて、大辞林では四十五個、広辞苑では四十九個、日本国語大辞典では八十五個、諸橋大漢和辞典にはなんと二百四十四個も収められている。語の音といえば、「ごごごごご」という五音の連続ですら、日本語では意味をなす。あるいは「がががががが」でも「おおおおお」でもそうなのだ。

そういう宝庫を持ち合せているのが日本語であるなら、凡人にもなにかできるのではないか。使う人間のほうは凡才でも、日本語はとほうもない可能性を有する天才なのではあるまいか。それならば、翻訳不可能という言葉に寄り掛かって世間の信用を得るよりは、辞書の海に落難《らくなん》しても、日本語の可能性を引き出すことのほうが人間らしく思われてくる。

——『辞書はジョイスフル』（一九九四年ＴＢＳブリタニカ、九六年新潮文庫）

＊　同音異義語　［コウショウ］『広辞苑』第六版より——

口承・口誦・工匠・工商・工廠・公相・公称・公娼・公証・公傷・巧匠・巧笑・甲匠・交床・交渉・交鈔・交睫・好尚・考証・行省・行粧・行障・行賞・厚相・厚賞・咬傷・哄笑・後章・後証・洪鐘・紅晶・校章・降将・高声・高姓・高尚・高承・高昌・高商・高唱・高蹤・黄鐘・康正・康尚・鉱床・綱掌・講頌・講誦・翺翔（以上四十九語）

欧のチェコ語、ポーランド語。それで入門書と辞書とカセットテープを買い集めましてね、当時はそういうものを集めるのはけっこうたいへんでした。

外国語のカセットテープなんて、今はもう売っていないでしょう。入門書の付録もカセットテープでなくCDになっている。

それに今はインターネットの時代で、かなりの国のラジオが聴けるし、テレビも見られる。外国語講座もいろいろあって、そうとう多くの外国語の発音を聞くこともできます。それを利用しないという手はない。ただ、インターネットは無責任な書きこみが氾濫《はんらん》している世界でもあるので、信頼のおける発信元を見つけるのがむずかしい。そのことについて述べる余裕はありませんが、外国語講座・発音について推薦できるサイトを一つだけ挙げておくと、大阪大学言語文化研究科の「高度外国語教育独習コンテンツ」というのがあります。一度、アクセスしてみてください。

プリントに並べた「学校」を中心に、いろいろな国の「学校」を見てみましょう。

トルコ語　okul――「怒る」と「送る」をいっしょに言ったような音です。

フランス語　école　エコル――フランス語では école や voilà（英語 there）や être（英語

학교

مدرسة　σχολειο　szkoła　школа　escuela
โรงเรียน　trường học　okul　škola　scuola
école　Schule

be）のように母音に帽子みたいな記号がのっかることもあり、français フランセ（英語French）のようにcにアゴヒゲのつくこともあります。

スペイン語　escuela　エスクエラ。
イタリア語　scuola　スクオラ。
ロシア語　школа　シコーラ。
スウェーデン語　skola　スコーラ。
ノルウェー語　skole　スコーラ。
チェコ語　škola　シュコラ。
オランダ語　school——英語と同じ綴りなのに、スホールにもスコールにも聞こえる音。
ポーランド語　szkoła　シュコワ。
ドイツ語　Schule　シューレ——ドイツ語ではすべての名詞の頭が大文字です。
韓国語　학교——ハッキョとハクキョを合わせたような音。

オランダ語は綴りが英語とまったく同じです。それはすぐに見て取れるが、ほかにもschoolと似ているのがいくつもある。ロシア語は違うように見えるかもしれないけれど、ロシア文字 школа を英字に書き換えると shkola になるんです。これも似ていますね。

だから少なくとも school から想像するかぎり、英語は外国語に親戚や遠戚が多いらしいと、一応そんなふうに考えて間違いありません。ただし英語の親類縁者関係はかなり複雑で話がこみ入ってきますから、いまはこれくらいにしておきましょう。

とにかく日本語の「学校」は外国語に親戚や親類のいない語です。もっとも中国語では同じく「学校」（発音はシュエシャオ）ですが、ほかにはぼくの知るかぎり親類縁者がいない。それが日本語の特殊なところです。

## 外国語のさまざまな面《つら》

いくつもの外国語を並べましたが、もしかしてきみらの何人かでいいから、こういう見なれない、珍しいものに興味を持ってくれるかもしれないと期待しながら話しています。人間というのは、見なれないものや珍しいものに興味を抱く動物ではないかな。ぼくの場合は、とくに言葉に対してそうなのかもしれない。

まだスペイン語のイロハも知らないころ、古本屋で英語＝スペイン語、スペイン語＝英語の二巻本の辞書を見つけました。English-Spanish と Spanish-English の二冊本の辞書です。分厚いわりにさほど高価でなかったので買いました。当時、「ベサメ・ムーチョ」という曲がはやっていて——Bésame mucho の綴《つづ》りを知らないころです——ただ、曲名の意味は Kiss me much（いっぱいキスして）だということ、ムーチョは英語の much だということは、どこからともなく聞いて知っていた。英語＝スペイン語の much を引くと mucho とある。そこでつぎにスペイン語＝英語の mucho を引くと——それがない！　見つからないんです。

なぜ見つからないかといえば、英語の辞書なら当然ここに載《の》っているという順番にはないんですね。なぜかといえば、スペイン語の ch は c のつぎのアルファベットだからです。もっとわかりやすい例を挙げると、英語と同じ綴りの chocolate——スペイン語発音はチョコラーテ——これはアルファベット c の項目にあるのではなく、つぎのアルファベット ch の項目に入っている。

こんな基本知識もなくて二巻本の辞書を買ったんですから、物好きというか変り者というか……。

さきほどフランス語の母音の帽子みたいな記号を見ましたが、フランス語なら英語と同じ順番で語を探すことができる。ドイツ語でも、たとえば英語の cool に当る kühl キュールは u の上に「¨」（ウムラウトといいます）、この記号がのっかっていても英語の辞書と同じように引けば見つかる。スペイン語のchの場合は、そうはいかないんですね。ついでながら、スウェーデン語のアルファベットでは、zのつぎにå、ä、öが来ます。ですから語を探すのはもっと厄介《やっかい》——ぼくも多少は慣れているつもりですが、ときどき道に迷うことがあります。

それからもう一つ付け加えると、スペイン語の疑問文は英語のクエスチョン・マークを逆さにした記号——¿——で始まります。感嘆文は感嘆符を逆さにした記号——¡——で始まります。

## 鮭が「穴泥鱒《アナドロマス》」である理由《わけ》

知らないことばかり見ましたから、今度は知っているものを見ましょう。

プリントにa school of ayuとありますね。

a school of ayu（板書）

（「アユの学校」と、生徒の声。）

アユの学校？

うーん、そうだろうか。キンバリーさんに聞いてみよう。キンバリーさんは長浜へ着任したばかりだから、まだアユを知らないかな。でも、プリントにアユの説明があるから、魚であることはわかっているはずです。

（キンバリーさんとはMiss Kimberly Ann Conner——米国カンザス州から長浜西中のＡＬＴとして二〇一一年八月に着任した。十九歳の時に一学期間［五カ月］、大阪の関西外国語大学に短期留学の経験もある。ＡＬＴ［Assistant Language Teacher］とは、主に公立の小中高で日本人の英語教師を補助する外国語指導助手。）

**ayu**: a small salmonlike anadromous fish of Japan that is highly esteemed as a food fish

これは、ある英英辞典のアユの定義です。

a small salmonlike 小さな鮭に似ている…… anadromous ……見たことのない英語ですね……fish of Japan 日本の魚…… that is highly esteemed 高く評価されている、つまり、たいへん珍《ちん》重《ちょう》されている…… as a food fish 食用魚として。

中学生でこれがすらすら読み取れたら超天才、もしかすると皆さんの中に超天才がいるかもしれませんが、読めなくてけっこう。実は、このanadromous アナドロマス——ナを強く発音する――この英語をキンバリーさんも知らなくて、さっき図書室へ行って辞書で調べてきたそうです。ちょっとうろたえた様子でした。「魚が産卵《さんらん》のために川を上ってくる」という意味です。

　ぼくは北海道生れですので、鮭の群れが産卵のために川を上る光景は何度か見たことがあります。だからこの anadromous アナドロマスという英語を初めて見たとき、わりにすっと頭に入ってきて覚えました。白状しますと、これを【穴泥鱒《アナドロマス》】と暗記しました――ぼくはときどきこういうデタラメな、というか、むりなこじつけの暗記の仕方をする。逆に魚が産卵のために川を下ってくるのは――ウナギがそうです――それは catadromous カタドロマス――タを強く発音する――この際これは【肩泥鱒《カタドロマス》】と覚えましょうか。【穴泥鱒《アナドロマス》】と【肩泥鱒《カタドロマス》】――覚えやすいでしょう？

　で、どっちがどっちだったかわからなくなったら、辞書で確かめる。そうやって英語の語彙《ごい》がふえていきます。

　本当は、-dromous は泥鱒ではなく、「走る」の意味の形容詞語尾です（名詞形はドロウム――-drome）。ana- は穴でなく、「上へ」の意、cata- は肩でなく「下へ」の意。頭のすみっこのほうに入れておいてもいいし、忘れてもかまいません。

## アユの学校は川の中にあるか

さて、a school of ayu ですが、キンバリーさんに聞いてみましょう。

（以下、ときおりキンバリー・コナー嬢との英語のやり取りをはさんでの進行となった。）

――そう、グループ group と答えてくれました。a school of ayu は a group of ayu の意味なのです。「アユの群れ」です。なお、ayu は日本語ですから複数形にしなくて大丈夫。

そういえば「めだかの学校」という童謡がありますね。ひょっとすると、あの童謡を作った人は a school of whales（鯨の群れ）のような英語を目にして、それを「鯨の学校」の意味だと思ったのかもしれない。それで「めだかの学校」というのを思いついたのでしょうか。そんな空想をしてみるのも面白い。

皆さんは全員、school が学校の意味であるのは知っているはずです。たぶん小学校のときから知っていたやさしい英語ですね。ところがグループ、群れの意味があるのは知らなかった。知っているつもりになっていた単語に、知らなかった意味があるのを、いま知ったわけです。

実をいうと、学校の意味の school と群れの意味の school は、綴りも発音も同じだけれど、別の語なんです。「学校」という意味から「群れ」という意味が生れたのではない。「群れ」という意味から「学校」という意味が生れたのでもない。辞書を引くと、二つの school がべつ

べつに載っています。例えば『小学館 英和中辞典』(小学館、一九八〇年初版)では、

**school**〔sku:l〕n.(建物・施設・制度としての)学校

**school**〔sku:l〕n.(魚・イルカ・クジラなどの)群れ

似たようなのでは、たとえば腕を英語ではarmという。これもたぶん小学生のときに覚えたかな?

a baby in arms

これは腕の中に抱かれている赤ん坊です。まだよちよち歩きもできない子という意味です。

men in arms

これは武装した男たちという意味です。このarmsは武器の意味です。
腕っぷしが強いから武器の意味になったのでもなく、腕力に物言わせるから武器の意味が生

れたのでもない。腕の arm と武器の arm は、綴りも発音も同じだけれど、別の語なんです。

こんな話をすると、英語ってむずかしい、英語ってとても面倒なんだ、そんなふうに思われるかもしれない。でも、けっして怖がらなくていい。ひるむ必要はない。そのうち慣れてくる。言葉というのは、つきあっているうちに慣れてくるんです。

むずかしいというなら、日本語だってむずかしいといえばむずかしい。たとえば、ビールを一杯、二杯、三杯――いっPぁい、にHぁい、さんBぁい……煙草を一本、二本、三本――いっPぉん、にHぉん、さんBぉん……いつの間にか慣れちゃってる。つきあっているうちに慣れる――それが言葉です。

長浜と言おうとして、そのガの発音のまま、「学校」とか「がまんする」とか言ってみてください。変ですね。だれに習ったわけでもないのに、長浜のガと学校のガは違う発音をする。元気というときのゲと値上げとか値下げのゲは違う音ですよね。いつのまにか慣れている。言葉というのは、つきあううちに必ず慣れます。

## 長浜の「長」と英語の「long」が重なるところ重ならないところ

さて、プリントのこの図を見てください。

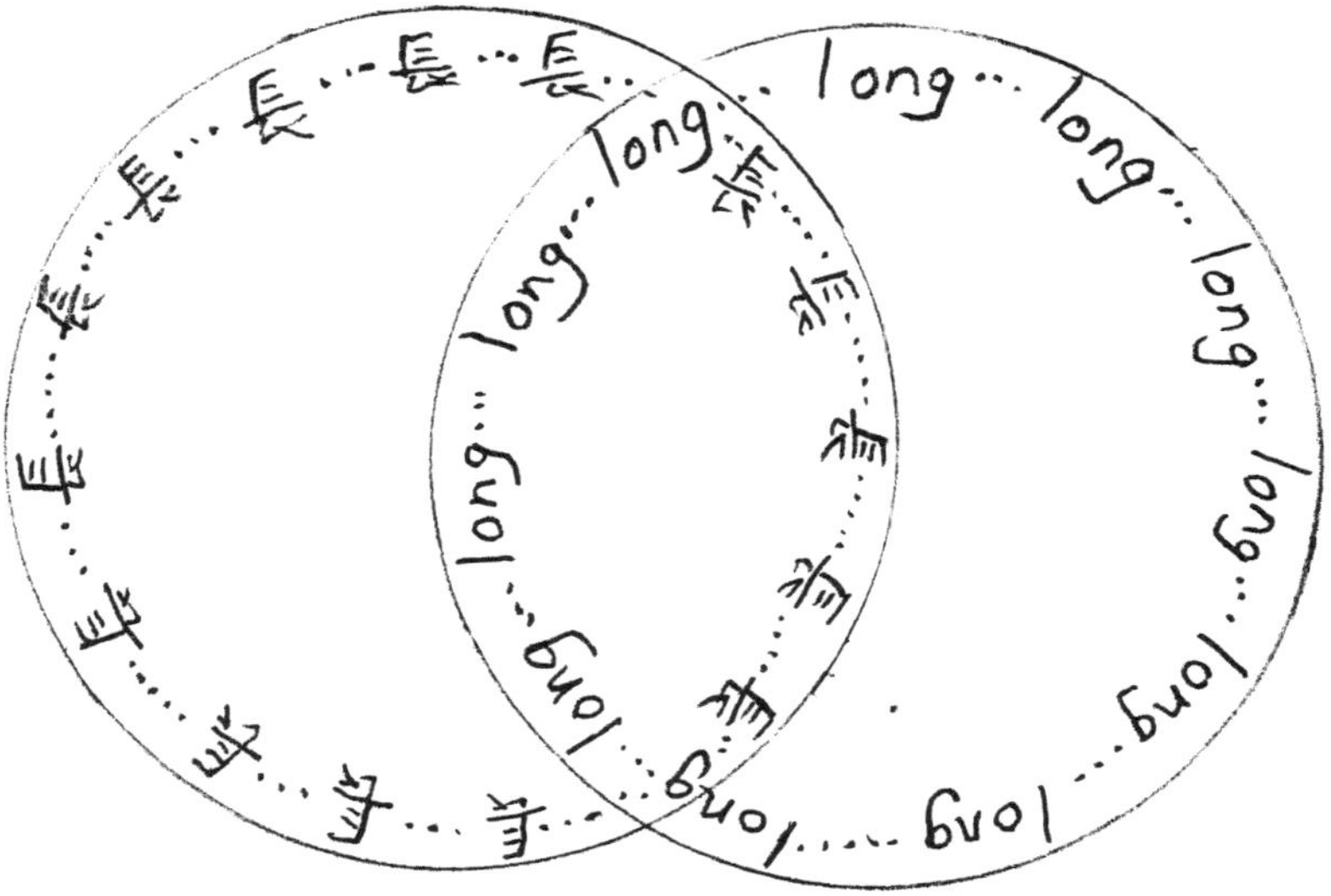
長…長…長
long…long…long…long…long…long…long
long…long…long…long…long

F.T

long の円と「長」の円があります。この円はピー缶――と言っても、たぶんわからないかな――両切りピースという煙草があって、それが五十本入っている缶、家ではふだんピー缶のピースをぼくは吸う。その缶の底でぐるっと描いた円です。中学生の授業にピー缶の円を使ったなんて、厚生大臣、正しくは厚生労働大臣ですか、あの人が教育的健康か健康的教育の観点から問題視するかもしれません――まさか、そこまで煙草憎しではないでしょうが。

（いつのまにか大臣ではなくなって、煙草値上げに多大の貢献をなしながら落選し、そして政界から身を退いたそうだ。）

Long の円と「長」の円は、それぞれ英語 Long と日本語「長」「長い」の意味や使い方の範囲を示します。重なっている部分と重なっていない部分がありますね。重なっている部分は両方が同じ意味、同じ使い方をされる範囲です。英語と日本語は、三角形の合同みたいにぴったり重なり合う語はほとんどありません。こういうふうに一部だけが重なり合うんです。

a long distance（板書）

――これはそのまま「長距離」、つまり long と「長」とが重なり合っている。

## a long face（板書）

――これは長い顔、「馬面《うまづら》」の意味になることもあります。それは long と「長い」とが重なり合っている場合です。

ところが、ええと、キンバリーさんに a long face を実演してもらいましょう。

（キンバリー嬢が a long face を実演。）

しょげたような顔ですね。悲しそうな顔……浮かない顔です。日本語の「長い顔」にはそういう意味はありません。キンバリーさんも長い顔をしなかったでしょう。

## a long tongue（板書）

――これは長い舌。カメレオンが有名でしょうか。蟻食《ありくい》もそうですね。

長い舌は、今では古い言葉になりましたが「長舌《ちょうぜつ》」ともいいます。カメレオンも蟻食も長舌を持っている。

長舌はまた、口数が多い、ながながとしゃべることをも意味します。「長舌は女の持前」なんてのが明治時代の小説に出てきますが、今の時代にこんなことを書いちゃまずいですね。
そして面白いことに、英語の a long tongue も長舌と同じ意味で使われます。

He has a long tongue.

といえば、「あの男は長舌だ」、「あいつはよくまあしゃべりまくる」。

No more of your long tongue.

といえば、「いいかげんに舌をしまえ」——「舌をしまう」なんて日本語はありませんが、ふと思いつきました。悪くなさそうです。機会があったらまねして使ってください。
ついでに「舌が長い」という言い方も、今ではもう使われなくなりましたが、ぼくは面白い表現だと思っています。よくしゃべる、あるいは言葉が過ぎるという意味です。
明治時代のある小説に、こんな表現が見えます。

尻の長いのと、手の長いのと舌の長いのが、一番厄介物だ。

「尻が長い」は、長居するの意味です。「長《なが》っ尻《ちり》」という言葉もあります。英語では尻を使わないと思う――ぼくは英語の尻に詳しくないので断定はできませんが。「あいつは尻が長い」を英語でいうなら、

He always stays long.

でしょう。

「手が長い」は、「盗みぐせがある」の意味です。英語の long にはそういう意味はない。longhand といえば、携帯に打ちこむのでなく、ノートに書く「ふつうの手書き文字」のことです。shorthand なら「速記」のことです。

ついでにもう一つだけ、「長い耳」――ちょっと耳にとめてください。

ウサギは日本語圏でも英語圏でも長い耳をもっている。だから長いと long は重なり合っています。

## 野球少年たちの耳は長いか？

Little pitchers have long ears.

これを訳すと、

小さなピッチャーたちは長い耳をもっている。

これじゃ、リトルリーグの野球少年たちがみんな長い耳をもっているみたいですね。そんな訳では意味不明です。

さっきのschoolやarmsと同じで、このpitcherは野球の「投手」とは別の語です。「水差し」です。水差しには耳のような形をした把手《とって》が一つ付いている。だから直訳すると、「小さな水差しは長い耳をもっている」。これは諺《ことわざ》の一種で、子供たちはちゃーんと聞いてる、子供は耳が早い、子供は耳が聡《さと》い、だから子供をあなどってはいけないよ、子供をみくびるんじゃないよ——そういう意味です。

以上、いささか舌足らずの説明になりましたが、たとえばその「舌」なら——毒舌《どくぜつ》、舌人《ぜつじん》、舌代《ぜつだい》、舌鋒《ぜつぽう》、舌戦《ぜつせん》、舌禍《ぜつか》、演舌《えんぜつ》、百舌《もず》……いろんな舌があります。友達や家族と舌を出し合ったり、国語辞典をあちこちめくったりして、ぼくの至らなかった部分を補ってくれると嬉しいです。

## 「劍橋大學」と「牛津大學」の正体

ぼくらは今、ここ、長浜市にいます。ここはLong Beach市ではありません。Long Beach（ロングビーチ）市ははるかかなた、アメリカ西岸カリフォルニア州にある。観光地として有名です、ぼくは行ったことがありませんが。

でもプリントに並べてみました。

長　浜（板書）

Long Beach（板書）

地名に関するかぎり、まるで姉妹都市です。さっきの円で、長とlongは重なり合う。同じような円を思い浮べると、浜とbeachも重なり合う。ところが滋賀県長浜とカリフォルニア州Long Beachとは重なり合わない。意味はいずれも「長い浜」で重なり合っているように見えても、場所はまったく重ならない。微妙な関係の姉妹ですね。日本語と英語の微妙な関係を表しているように思います。

なお、ぼくがふだん使っている英漢辞典（英語＝中国語辞典）ではLong Beachを「長磯」としていますが、近頃は「長灘」と表記するようです。

さきほど永井荷風が「舎路《シアトル》」と書いているのを見ましたが、英語の地名の漢字表記はきみたちの世代には奇妙に映るでしょうね。いや、ぼくの世代にだって奇妙に映りました。Seattleは、荷風の耳に「舎《しや》＝路《ろ》」というふうな音に聞こえたのでしょう。

中学生時代、ぼくはそういう漢字表記を一つも知らなかった。高校生になってから、芥川龍之介や夏目漱石、森鷗外、太宰治などで亞米利加《アメリカ》（亜米利加《アメリカ》）、英吉利《イギリス》、巴里《パリ》、倫敦《ロンドン》などを知った程度でした。大学へ入って、英吉利文學の分厚い本を読むようになると、「牛津大學のなんとか教授云々」という文章がある。日本には「牛津大學」という大学はないはずだから、きっと中国の大学だろうと想像した。それにしても頻繁に出てくるので、そうとう名門の大学らしいと思いました。それから「剣橋大學」——「劍橋大學」だったかもしれない——これもちょくちょく出てくる。あるとき、ふっと気づきました。剣はケン、橋はブリッジ bridge ……そうか、Cambridge《ケンブリッジ》大学！　同時に「牛津大學」もわかった。牛はオックス ox で津はフォード ford …… Oxford《オックスフォード》大学！　ぼくは ford という英語が「渡り場」「船着き場」といった意味だということを知っていましたから、日本語の「津」（港）につながるな、と誰に教えられたのでもなく自分で解いた。ちょっとした自慢です。

## 地名の漢字表記には便利さも

亞米利加（亜米利加）は、アメリカの音を亞《あ》＝米《まい》＝利《り》＝加《か》という漢字で書き示したものです。同じようにドイツを獨逸（独逸）、フランスを佛蘭西（仏蘭西）、ロシアを露西亞（露西亜）と書き示した。いずれも日本産の表記ですが、牛津や英吉利（英吉利）は中国からの輸入らしい。ニューヨークは、日本では「紐育」と表記していました。これは中国音の紐《ニイウ》を拝借したのではないでしょうか。なお、中国では、ニューヨークは「紐約《ニイウ》」です。ただ、漢語表記の領有権——どっちが先か——については言いきるのがむずかしい場合が少なくない。ここでは立ち入りません。

表記の理由についていえば、「牛津」についてはぼくの解いたとおりで大丈夫ですが、英《イン(グ)》＝吉《ジー》＝利《リー》（英吉利）のほうはすっきり理解できずにいます。これにも立ち入らずにおきます。

でも漢字表記は非常に便利です。きみらの世代でも、たとえば新聞などで、

英米独仏露の5国が……

という文字を目にすれば、すぐに五カ国がわかりますね。「イギリス、アメリカ、ドイツ、フランス、ロシアの5国が……」では長すぎるし、「イアドフロの5国が……」ではわからない。カタカナの省略ではわからない。

余談ですが、最近、日本語の中にますますカタカナ語が入りこんでくるのを、ぼくは歓迎しません。ついていけないですな。ぼくはエンタメというカタカナ略語を「円を貯める」という意味の経済用語かと思っていました。去年あたりまで、そう思っていた。本当の話です。結局、円貯め情報でもエンタメ情報でもぼくには関係ないのがわかった。

ついでにもう一つ。アメリカは中国では「阿美利加」です。「美」はメイと発音される。日本では米国ですが、中国では美国になります。

English poetry は英詩ですね。しかし飲具《イング》立酒《リッシュ》詩（詩人がグラス片手に立って酒を飲みながら作るから）、あるいは韻具《イング》律守《リッシュ》詩（韻を具《そな》え韻律を守る詩）という表記も昔はあった――というのは嘘で、今、ぼくが急ごしらえしたものです。

## ヒトは間違えて覚える動物

一年生から三年生まで、きみらがどれくらいまで英語を勉強しているか、ぼくは把握してないのですけれど、たとえばやさしいのを一つ……どこどこへ車で行く、この「車で」は英語でどう言うかな？

（by car と、数人の生徒が答える。）

そう、正解です。

### by car（板書）

では「彼の車で」は？

（by his car と、数人の生徒が答える。）

by his car（板書）

これでよさそうだね。
ほんとうにいいかな？　おや、キンバリーさんがきょとんとした顔になった。
（キンバリー嬢が首をかしげている。）
キンバリーさんが、さっぱりわかりませんという顔をしてます。
では、（と、筆者がbyを消してinに書き換える。）

in his car（板書）

はい、キンバリーさんがすっきりした顔になった。「彼の車で」というのはby his carではなくin his carなんです。
どうしてここの前置詞がbyではなくinなのか、などという説明はかえってむずかしくなるので、今はしません。とにかくこれで、長浜西中のみんなは覚えちゃった、覚えちゃったはずです。間違えたから覚えた。日本中の中学生でこれを知ってるのは十パーセント以下、いや、五百分の一以下かな。長浜西中は全員知った。

人間は間違えて覚えるんです。どんどん間違えて、そして覚えていく。英語にかぎらず、日本語でも、どんどん間違ってかまわない。間違えて覚えるんだという自信をもってください。

## 人間の記憶は忘却の穴だらけ

長浜の long にもう一度戻ります——。

「長くかかりますか」と尋ねるのは、

Will it take long?

「長くはかからないよ」と言うのは、

It won't take long.

do not が don't になるように、will not は won't になります。

## 【コラム③】前置詞の面白さ

……（齋藤秀三郎《さいとうひでさぶろう》の『熟語本位　英和中辞典』と）ぼくは高校時代にむちゃくちゃに深い仲になりましてね、さっきいったように便所のなかでもいっしょでした。あれほど深い仲になった辞書はほかにありませんし、今後もぜったいないでしょう。いま中途半端になった英語をものにする話ですけど、少なくとも英語をなんとか判読できるにはどうしたらよいかということに関していえば、ぼくの体験にかぎってですが、前置詞を徹底的に知ることだと思いますね。ほかにも基本的な動詞、あるいはthatやtheやwhatなんかを本当に知るとか、いろいろありますし、そうですね、英語がまあまあ読めるようになるスタートラインは二千ページ横文字を読んだあたりでしょうけど、ともかく前置詞ってやつを徹底的にやっつけると英語なるものがわかってくる、少なくともわかったような気がして面白くなる。ぼくの場合はそうでした。齋藤秀三郎の前置詞を片っぱしから読んでいったのです。withなんかがとりわけすばらしい、十一ページくらいありましたかね。「彌次馬處分」と説明してある用法もあったりして実に面白い。まあ実物を手にして、自分で読んでみてくれなくては。

この齋藤秀三郎の訳し方がまた面白いんですよ。いまのwithですが、He took her *with open eyes.* なんて例文が「(疵物と)知りつゝ、(貰つたなど)」と訳してある。高校時代は――いまでもそうですが――無知でうぶだったから、漢和辞典を引いたりしましてね、それから、うーんと感心しました。

――『翻訳困りっ話』（一九八〇年白揚社、九二年河出文庫）

では、「長くかかるだろうな」と言うのは、

It will take long.

とは言わない。正しい言い方は――

It will take a long time.

と、long だけでなく a long time と言わなくちゃならない。疑問文と否定文では take long だけれど、肯定文では take a long time になる。

これも説明は省きますが、覚えてください。いっぺんで覚えられなくてもいいです。覚えられなければ、もういっぺん繰り返す。それでもあやふやなら、もういっぺん……。

忘れてもかまいません。忘れるんです、人間は誰でもみんな忘れる。ぼくの千倍くらい脳みそに知識が詰まっている文学者がいましたが――ボルヘスというアルゼンチンの人で、来日したときぼくは一度だけ会って話をしました――この人でさえ、「人間の記憶とは忘却の穴だらけだ」と書いています。だから、忘れるのは仕方ない。忘れるのはあたりまえなんです。

たしかに、とんでもない記憶力の持主をぼくは実際に知っています。ノーベル賞作家の大江健三郎さんがそうですし、将棋の中原誠永世名人や羽生善治現三冠（二〇一一年十二月現在）……将棋界はとてつもない記憶力の人ばかりです。そういう人たちに比べたら、ぼくなんぞは「ざるあたま」ですな。子供の頃、田舎で「ざるあたま」という言葉をよく使ったものです。ののしり言葉というほど強いものではなく、おかしみを伴った、悪気《わるぎ》のない言葉でした。少なくとも自分に向けて発するのなら問題はない。ただし、大人に向けて使うのはいけませんぞ。そんな口をきいては、お父さんかお母さんに叱りつけられるでしょう。

**こらっ、ヤナセナオキ！**

プリントにキンバリーさんのフルネイムがあります。

Kimberly Ann Conner――キンバリー・アン・コナー。

ファーストネイムのキンバリーだけより立派に見えますね。この立派なフルネイムでお父さんやお母さんに呼ばれたことがあるでしょうか。聞いてみましょう。

（キンバリー嬢と筆者のやり取りの後）

幾度もあったそうです。芝刈機で庭の芝を刈るとか、洗濯物をたたんでクローゼットにしまうとか、そんな家事を言いつけられると、よく無視したそうです。反抗期だったんでしょうな。たいていは聞こえないふりして部屋で本を読んでいる。すると廊下で大きな声がして、それでもすぐさま手伝いに飛んで行かないと、お父さんかお母さんが部屋へ入ってきて、読んでいた本を取り上げて、「キンバリー・アン・コナー！」

キンバリーさんはチョーアズ chores という英語を使っていました。あまり気乗りのしない、面白味のない家の雑用という意味です――それで無視していたら、「キンバリー・アン・コナー！」

キンバリーさんがどんなリアクションをしたか聞いてみましょう。

（キンバリー嬢が両手をだらんとさせて、うなだれる。）

親が子供を叱りつける、親が子供に雷《かみなり》を落っことす、そういうときに英語ではフルネイムで呼ぶのです。日本語からは想像がつかない。校長先生、片山勝先生も子供のとき、親御さんに叱られたことはあるでしょう。でも「カタヤマママサル！」って叱られたことはないはずです。ぼくも親や先生に「ヤナセナオキ！」と叱られたことはありません。

## ぱらぱら英語、ばらばら英語、はらはら英語で

ところでぼくはさっきからキンバリーさんと英語でしゃべっていますが、ぼくの話す英語は、けっして立派ではありません。そもそもぼくの話す日本語には、高校まですごした故郷の根室弁の抑揚《よくよう》が残っている。それがぼくの英語に深いところで影響をおよぼしていないはずがない。そんな英語が、大学生時代に授業以外でも教わったイギリス人の先生――剣橋《ケンブリッジ》大学出身の先生――のイギリス英語の影響を受けて、その後、ニューヨークで生活する中でニューヨーク訛《なま》りがまじってきて、はたまたアイルランドのダブリンの酒場で毎晩飲んでいると、ダブリン訛りも入ってくる。だからぼくの英語は似《ニ》ングリッシュ――似るのニです――あるいはヤナセニーズ――Japanese でも Chinese でもないけれど Yanasenese です。

ぺらぺらしゃべっているように、きみらには聞こえるかもしれませんが、そんなことはない。ふだんは朝から晩までびっしり日本語圏で生活しているのですから、スピードはそう早くない。日本語でも、ぺらぺら、べらべら、へらへらしゃべる人間って、あまり信用ならないでしょう？　ですからきみらは今の段階では、ぱらぱら英語、ばらばら英語、はらはら英語――そんな英語でいいんです。ぱらぱらっと英語がまじっているような英語、ばらばらでつながりがない英語、唇と舌がはらはらしながらしゃべる英語、それで充分です。そのうちに慣れます、間

違えて間違えて、そのうちに慣れる。

## 言葉の広い世界に旅をしよう

さて、プリントの一番下にある長い単語を見てください。日本中の中学校でこんな長い単語の出ているプリントが配られた学校はないでしょう。あとで数えてみるといい、ぴったり百文字ある。これは、これ以上むずかしい英語はないというような英語で書かれた本、ジェイムズ・ジョイスという人が書いた『フィネガンズ・ウェイク』という本の冒頭部分に出てくるものです。

ええと、キンバリーさんに読んでもらいましょう。

The fall (bababadalgharaghtakamminarronnkonnbronntonnerronntuonnthunntrovarrhounawnskawntoohoohoordenenthurnuk!)

(キンバリー嬢の行きつ戻りつする音読を筆者が助けるかたちになりながら、……hoohoordenenthurnuk! に至る。)

ババババーダラ……ここで、このカムミーナーロンコン kamminarronnkonn ……ここの音に聞こえるのは、そう、日本語の雷《かみなり》です。この長い単語は世界中のいろんな言葉の雷を集めた雷なんです。日本語のカミナリが、英語圏の外れで、英語圏からほとんどはみ出しかけているところで鳴っている。へえ、世界にはこんな本もあるんだと、今は、それだけをどこか頭のすみっこに入れておいてくれれば充分です。

ぼくはこの部分を次のように訳しています（『フィネガンズ・ウェイク Ⅰ』河出文庫、二〇〇四年一月、二〇頁）。

転落（バババババベラガガラバババボンプティドッヒャンプティゴゴロゴロゲギカミナロンコンサンダダンダダウォールルガカイッテへへへトールトルルトロンブロンビピッカズゼゾンンドドーッフダフラフクオオヤジジグシャッーン！）

長浜の長と long が中心にある「コトバ　ことば　言葉」の世界地図みたいなものを、大急ぎで見てきました。皆さんがこれを羅針盤《らしんばん》にして、言葉の広い広い海へ、言葉の大海原へ旅してみようかなと思ってくれたら嬉しいです。べつに言葉の専門家にならなくても、以前より少しでも言葉に興味をもつようになってくれたら嬉しいです。

### 熱っぽく不思議な余韻に満たされて

以上のような講義を終えて壇上を降りると、体育座りの生徒たちの前に片山校長がマイクをもって立ち、話し始めた。予定どおり型どおりの学校長あいさつかと思ったら、それが違うのでいささか驚く。ご自分が一聴講生として筆者の話を聞き、今、飛び入りで話しているという口ぶりなのだ。筆者にもっと早く出会えていたらもっと勉強した、と、その熱っぽい語り口に面映《おもは》ゆい思いになる。

帰京した翌日、大野さんからメールが届く。

《校長先生と約一時間ほどいろいろお話してきました。興奮して最後にマイクをもって話していた自分がいたとのことでした。それくらい楽しかったとおっしゃっていました。》

さらに二週間後、その楽しさをしたためたお手紙をもらう。《強烈なカルチャーショック……不思議な余韻》と記されて、こう結ばれていた。

《校長である私が一番うれしかったのではないかと言えば、大野さん、澤崎さんはじめ図書ボランティアの方々、また生徒からしかられるかもしれません。》

またしても面映ゆい思いになる。

特別授業の後、十数人の母親たちとの懇親会があった。必ずしも在校生の母親ではなく、図書ボランティアのつながりでできた輪だという。つぎつぎに運ばれてくる料理を筆者の数倍の速度で平らげる食欲に感服し、その食欲に劣らぬ知識欲に感心した。愉快なひとこまがあった。後日、その経緯を問い合せた本咲操《ほんざきみさお》さんから、実に丁寧で整理されたメールが届いた。

《「先生がみなさんのお名前を知りたいので席の順に書いてください。」とお願いがあり紙を回していたところ、名前が席の順になっていないことが私の番になって判明しました。

不親切だと思った私が、全員の名前を席の通りに書き直して先生にお渡ししたんです。

その席次表を見て、先生が齋藤さんの「齋」の字が古い字体であることに注目され、誰が書いたのかが話題になりました。

席次表を書いた私が自信満々で、

「ご本人から真ん中はYだと教えていただきました。」

と申し上げると、即座に先生から、

「漢字ですからアルファベットのYではありません。Y、髪型の揚巻《あげまき》のことで、アと読みます。」

と教えていただきました。

上記のような流れであったと思います。

うちの角川新字源一八六版で探したところ、丨（コン）の部の二番目に挙げられていました。

丨という字も今回辞書にあたって初めて目にする文字。漢字って奥が深いですねえ。》

# 第2章

# 逢坂山《おうさかやま》を馬で越えて

## ——京都競馬場ＰＴＡ課外授業（二〇一二年二月十一日）

## ナンセンス詩が取りもったＰＴＡ課外授業

長浜西中特別授業後の懇親会で、筆者の趣味である競馬が話題になった。筆者が親しくしてもらっている土川健之ＪＲＡ理事長が滋賀県の出身であるのもなにかの縁だし、京都競馬場なら長浜市から遠くないので一度観戦に行きましょうかと持ちかけると、つぎつぎに手が挙った。かくて京都競馬場へのツアーとなったが、それまでの二カ月余り、長浜市と筆者との間をリメリック・メールが幾度も往復した。リメリックとは、イギリスのナンセンス詩人エドワード・リアの愛用した詩形で、筆者の手がけた『完訳　ナンセンスの絵本』（岩波文庫、二〇〇三年五月）はその集成ともいえるもの。一篇を久留米大学附設中学校でのプリントで紹介することになるが（一三一頁）、長浜市立西中学校ではふれるゆとりがなかった。しかし長浜図書ボランティアの間にはこれがひろまっていて、柳瀬流日本語リメリックもはやりだしていた。

そんな経緯を、「優駿」誌に連載している《馬名プロファイラーの日記帳》に記した。

## 京都競馬場観戦ツアー実況報告

２月11日（土）。

メイクデビュー東京をテレビ観戦。１番人気フェアリーラインが大きく出遅れて道中ずっと後方、とても届きそうにない。そう思って見ていたら、直線の上りで大外から５３８kgの大型牝馬がぐーんとやって来た。武豊騎手のこういう騎乗を実に久しぶりで見た。もしかして明日もこんな騎乗を見せてくれるのではなかろうか……。そんなことを思いながら東京駅へ向い、新幹線に乗る。

昨年12月に長浜市立西中学校で講演をしたのがきっかけで、同校の父兄や教員と京都競馬場観戦ツアーが実現する運びとなった。誤解のないように言いそえれば、筆者は中学生の聴衆に競馬について講演したのではない。「コトバ ことば 言葉」という演目で日本語と英語について語った。馬という語もhorseという語も一度として発しなかったその講演から、この観戦ツアーが実現するというのは、ＪＲＡ史上初の出来事であろう。

団体名は「長浜櫨蘭《はぜらん》」。その団長の澤﨑恭子さんとＰＴＡ研修部長（筆者の講演の仕掛人）大野里美さんが米原駅に迎えに来てくれて、研修部長の車で長浜市のホテルへ。ほどなく10頭ほどの出走馬がロビーに集り、カフェで馬券レクチャーをおこなう。

なんと焦れ込みすぎて、昨日の同じ時刻にホテルへ来たという牝馬がいた。
――放馬ですね。
と言うと、
――ホーバって何ですか?
そこで焦れ込みや放馬の意味を説明する。《馬名プロファイル》ふうに紹介すると――
◎ホンザキミサオ　ホンザキミサオは本咲操。長浜西中図書ボランティアの最も精力的な１頭。レクチャー飼葉を求めて本番前々日に他馬のいないホテルへ来た。当日の放馬馬券が懸念されるが……。

とりわけ焦れ込んでいた牡馬が１頭。《馬名プロファイル》ふうに記すと――
◎ナカヤマノリヒサ　ナカヤマノリヒサは中山典久。「馬は芸術だ」という信念の父に育成された。物心ついた頃から日曜の昼はテレビの競馬中継と決っており、パドックの映像を見ながら馬の講釈を受けた。注目の１頭。

社会保険労務士をなさっている39歳。高校生のときにその父上が亡くなられたので、馬券を買ったこともなく、競馬場には一度も行ったことがない。それだけに今回の初出走への意気込みは強く、この人にはぜひ勝ってほしいと思った。筆者のみならず、心優しき牝馬たちも同じ思いになっている気配がカフェパドックにただよっていた。

夕食会は「とんま寿司」に案内された。ふつうに記すと「とんま」だが、看板は「とんま」。縁起が良い文字とされる左馬《ひだりうま》が使われている（写真参照）。出走前夜の食事の場としてはぴったりの、こぢんまりしたいい店だ。

最初に出された突出しののれそれが絶妙。たぶん10年ぶりくらいになる食感であった。《馬名プロファイル》ふうに記すと、

◎ノレソレ　ノレソレはのれそれ。穴子の稚魚をいう。美味は馬券の妙味を予感させる。語源を「伸《の》り反《そ》り」とする説もあり、伸るか反るかの勝負にいざなう。「賭《の》る」（賭けるの古語）の音もひびくので……。

**2月12日（日）。**

長浜市の朝は雪である。雪の降る中を研修部長の車で米原駅へ。プラットフォームで四方八方を見渡すと雪は本降りになっていた。落ち合った数頭の出走馬と新幹線を待ちながら、研修部長、団長の両牝馬は、

――わたしたちは晴れ女ですから。

まさしくそのとおりであった。国境の長いトンネルを抜けると雪国だったという有名な物語もあるけれど、南滋賀に入る長い愛知《えち》川を渡り、国境の逢坂山に近づくと、視界が陽光の緑に一変したので驚いた。なんと、絶好の競馬日和ではないか。

京都駅構内直線では、団長が5馬身ほど先を颯爽《さつそう》と進む。われわれ後続集団をふり向きつつ、見事な先導ぶりだ。

――団長はきのうから動きがいいですね。とても機敏で……いつもああなんですか？

と、研修部長に言うと、

――~~いいえ、ふだんはそうでもないんですけど。~~（おっと、こういう台詞は消しておかねば。）

筆者も入れてフルゲート18頭（牡馬5頭、牝馬13頭）。18頭のゲート入り（入室）を確かめに来た星勝寿場長が、

――こんなにお若い女性ばかりでびっくりしました。

筆者と同年輩の女性たちを想像していたのだそうだ。これに気をよくしたアラフォー牝馬た

ちの勇ましき嘶き声がひびく。彼女たちを見ていると、

――女たちはおそろしく元気がよい。亭主などはてんで問題にしていない。

おっと、これはスウィフト『ガリヴァー旅行記』（中野好夫訳）の一節。何度目になるか、最近、必要があってこの訳書を通読したばかりなので、ついつい引用してしまった。誤解のないように言っておけば、皆さんとてもご主人思いの面々である。携帯に入ったご亭主からの応援メールを嬉々として披露する妻もいれば、万馬券を取るやすぐさまご亭主に果報メールを入れる妻もいた。

ところでこの競馬ツアー実現までには、団長および研修部長と筆者の間で予想メールの往復が幾度もあった。メールには必ずリメリック（ＡＡＢＢＡと韻を踏む5行滑稽詩）が入っていて、こちらはそれを添削しながら返信するというやり取り、たとえば――。

《里美は京都の競馬場
貴賓室で気分は上々
狙いの馬が4着鼻の差
3着馬とは雲泥の差

大穴逃して「ああ無情！」》
《ところが午後から盛り返す
狙いの穴馬差し返す
これが手始めつぎつぎ的中
ぐんぐんふくらむその懐中
札束ぺらぺら手に翻《ひるがえ》す》
《恭子は今日が初出走
大穴狙いの大胆予想
全身全霊ギャンブラーと化し
外れ馬券を破っちゃ散らかし
「夫と温志《あつし》に責められそう」》
《ところが午後から然《さ》に非《あら》ず
「ギャンブリングは罪にあらず」

ロアルド・ダールをさらりと引いて
満面の笑み輝いて
「勝てばいいのだ悪しからず」》

で、現実にこの日の長浜櫨蘭の戦績はといえば、全員が必ず一度は払戻機へ行った。特筆すべきは、11レース京都記念、植田弥生さんが武騎手の単勝的中。昨日の武騎手の騎乗について筆者が語ったことを素直に聞入れた快挙であった。最終12レース、沈みっぱなしだった中山典久さんが3連複、3連単を的中させてプラスに浮上。全員が拍手を送った。

**2月下旬。**

帰京後、メールや手紙が次々に届く。「帰り道、一同皆が笑顔でありました」（新宮亜砂子さん）。「非現実的というのか非日常的な一日でした。とっても楽しい一日でした。いい思い出ができて、お蔭様でフトコロも少し温かくなり、子供達とご馳走に行きました」（鷲山浩子さん）。「私の博打経験の中で競馬デビューがこんな贅沢なモノになるとは思ってもいませんでした……今度はスタンドでハズレ馬券を破って吹雪にしてみたいです」（中川陽子さん）。名古屋出身のこの女賭博師はパチンコ歴が半端じゃなくて、馬券投資も半端じゃなかった。

いやはや、スウィフトの記したように、女たちはおそろしく元気がよい。

（「優駿」二〇一二年四月号）

## リメリックはとまらない

その後もリメリック・メールはとまらない――。

大野里美さんから、

《帰って来ました長浜レディ
あれから寝つけぬエブリディ
ギャンブラーに賭博師加わり
放馬は部屋を駆けずりまわり
忘れられない愉楽のサンディ》

このメールは北九州の福岡市にも送信されていて、それに対する返歌が、

《「里美はレディで葉子はただの博多女⁉

いいえ、あたしは博多のマドンナ！

このリメリックなんなのさ！」

「おほほ、それは競馬の鼻の差」

「だったら研《と》ぐわよ、この鉋《かんな》！」

博多女は鉋を研いで
研いだ鉋で爪を研いで
めかしてお出掛け博多の鉄火場
稼ぎそこねて近場の酒場
とんがり声で「焼酎注いで！」》

博多女とは、福岡市在住の矢野葉子さん。戯画化したリメリック自画像である（若干、筆者の添削入り）。念のため、鉄火場とは無縁の上品な人で、けっしてとんがり声を発したりはしない。

矢野さんは四年前まで長浜市に住み、市立長浜小学校の図書ボランティアの活動をしていた。その活動で長浜に良き仲間たちができて、そのつながりがずっと続いている。京都競馬には参加しなかったが、競馬前日に長浜市へ来ていて、その日の夕食会には参加した。長浜講演にも来ていて、以来、久留米大学附設中学校で同じような特別授業をしてほしいと、直接に、あるいはリメリック・メールで求められている。

福岡市在住の現在は、久留米市の久留米大学附設中学校保護者会のメンバー。この人が学校側へ働きかけて、新学期に二年生と三年生を対象とした特別授業が実現する運びとなった。

## 授業の打ち合わせもリメリックで

正式の依頼が英語担当・三学年主任の藤吉博範先生からメールで届く。その文面のつぎのくだりに、嬉しくて思わず声が出た。

《校長（数学者です）からは、校長の蔵書の、柳瀬先生の訳された『フィネガンズ・ウェイク』を渡されました。現在拝読しております。》

全国屈指の進学校とは耳にしていたけれど、この学校は確実にレベルが高い。

藤吉先生とは幾度かメールのやり取りがあり、電話でも話した。いろいろと誠実に対応してくれる。

――講義後、どうしても一服吸いたくなります。携帯灰皿を持参すれば敷地内で吸えるでしょうか。

こんな勝手な要求にも誠実に対応してくれて、どうやら問題ないらしい。藤吉先生も二十代の頃は喫煙者だったという。しかし今は吸わなくなった。

――結婚してから？

――はい。

そこでリメリック・メールを送信し、(冗談まじりに) 返歌を求めた。

《久留米附設の藤吉先生
「煙草やめたの奥方のせい？」
　　そう問う私は煙草好き

「はい」と答えて先生うなずき
「夫は妻につねづね劣勢」》

翌日、返歌が届いたので驚く。

《ナンセンス大家の柳瀬先生
「人をからかい今日も清清？」
　担当教師は苦労続き
返歌を乞われて頭ずきずき
「教師は大家に返歌で栖栖」》

たちまち日本語リメリックを会得《えとく》したようだ。頭の回転の速さに舌を巻く。
めったに目にしない「栖栖」を辞書で確かめた。（せいせい【棲棲・栖栖】いそがしいさま。心がおちつかないさま。『広辞苑』）また、実用例が論語にあるのを知り、おかげで一つ賢くなった。

## 言葉遊びの宿題を課して筑紫《つくし》の国へ

この学校には「葉脈」という校内誌がある。読書感想文や自由課題の作文のほか、芥川龍之介『羅生門』の続編を書くという課題も出されている。筆者がとくに興味を覚えたのは、パロディ短歌、折句《おりく》、アナグラム、回文《かいぶん》といった言葉遊びが発表されていることだ。藤吉先生と相談して、そういう回路から授業をおこなうことに決めて、日本語と英語の宿題を提示した。

日本語の宿題は、「サーモン」と題する拙文の批評と、それに仕組んである暗号の解読。

英語の宿題は、エドワード・リアのナンセンス詩（『新奇ないでたち *The New Vestments*』ほか）の和訳。

「サーモン」と題する拙文（『言の葉三昧』朝日新聞社二〇〇三年十月刊、所収）はこれである。

大江健三郎さんと鮭《さけ》の話をした。もちろん鮭の話だけしたのではない。先月、渋谷・玉久で全く偶然にお会いした。その文脈から電話で鮭や日本酒の話になったのだ。

学生時代、この人を熱っぽく畏怖《いふ》した。今でも、将棋でいう二枚落ちの対局とて数手でひねられそうな本当に怖い人。ところが早口の語りがとても優しい。お葉書やお手紙やＦＡＸに、いつもぬくもりの感触が記されて届く。やぼったい返信を反故《ほご》にしては、ずっと失礼してばかりいる。

産卵期のおびただしい数の鮭が北海道の海へ回帰してくる。まさしく連日が「サーモン・ラッシュ・デイ」の晩秋。ちなみにこの洒落《しゃれ》は大江語。まいりました。脱帽。むろんサルマン・ラシュディのもじりである。受話器を手に、たまらなく愉快だ。

十数年前、翻訳にこんなファン文字《レターズ》を挿

入した。原意がくずれないよう工夫した柳瀬語。《大江《おおえ》に健筆《けんぴつ》を振《ふ》るって三国一《さんごくいち》の郎《ろう》子《し》と呼《よ》ばれ》。かような『フィネガンズ・ウェイク』翻訳に生真面目《きまじめ》一徹の読者を意識しなかったので、苦もなくできた訳語。

数年後、過分な評価をこの人が活字にしてくれた。あの時、けたたましく奇声を発して、狂喜に駆られたのは、今も記憶に生生しい。もしかしたら無視されるかという危惧《きぐ》もあった。なにせモノがモノである。七年半を『フィネガンズ・ウェイク』翻訳に投入したわが無謀を、温かく理解してくれた。この人の名を抜きには、もはやジョイスを語ることができない。

先ほどの洒落があまりにも奇手だったの

で、こちらはジョイス風な応手《おうしゅ》を鈍速の頭で探すも敵《かな》わず。まさか敵もサルモンの駄洒落は使えない。「あまの原ふりさけみればﾞ」で洒落蛇口の活栓をひねろうとした。しかしひねりの一滴をも絞り出せず、下手にもじれば犬も食わぬ駄洒落に堕するのを避け難い。するといきなりサルモネラ菌の話になり、発見者がまさに鮭と同じ綴《つづ》りの獣医だと教わる。さすがは該博の人だ。

D. E. Salmon なる十九世紀の米国人。この姓が鮭にとって迷惑かつ不運だと大江さんは語り、実にジョイスフルだった。

（《猫舌三昧》朝日新聞夕刊二〇〇二年十一月十四日付）

# 第3章　筑紫《つくし》のひかり——久留米大学附設中学校特別授業（二〇一二年四月十八日）

## ＯＥＤで久留米を調べる

柳瀬尚紀です。ぼくのことは皆さんいろいろご存知のようで、ぼくの書いた文章も読んでいただいているし、ぼくもきみたちの書いた文章を読みました。宿題の英文の訳や「葉脈」に載っている文章や言葉遊びなども読みました。率直に言って、皆さん非常に出来る。驚きました。相当優秀な学生の集まりらしいと思いながら、この学校へ来ました。

きみらと同じぐらいの年頃、ぼくは北海道の東の外れの根室というところにいました。すぐそこがロシア領土という辺境の地です。きみらのこの学校と違って、学力レベルは低かった。中学も高校もそうでした。で、ぼくはきみらのエドワード・リアの訳を見たり、「葉脈」の文章やぼくの「サーモン」という文章の感想文を読んだりして、きみらの英語と日本語の学力は、ぼくの高校一年生だったときのレベルにすでにあるんじゃないか、いや、それ以上ではないかしらというふうに思うようになりました。ですので、そのレベルでこれからお話をしたいと思います。

久留米へ来るのはこれが初めてでして、で、久留米というところがどういうところかというのを知ろうとしました。ぼくはたいてい、ものを知ろうとするときにはまず一番に辞書に教えてもらう。今回、ぼくに与えられている課題が英語と日本語なので、もしかしたら英語の文章の中に久留米の出てくる例はないかと思って、真っ先にＯＥＤ――Oxford English Dictionary――という英語辞書に当ってみました。だいぶ以前は二十冊以上、ずらり並べると一メートル二十くらいかな、それを使っていましたが、ＣＤ－ＲＯＭになってからはもっぱらパソコンで開く。紙の辞書と違って検索できるのが最大の利点です。そのＣＤ－ＲＯＭでKurumeを検索してみたら、びっくりしたことにKurumeが立項されていました。立項というのは見出しの項目になっていることです。それがお配りしたプリント（九三頁）の一番上にあるものです。

**Kurume** (ku'rume)

The name of a Japanese town on the island of Kyushu, used *absol.*, or *attrib.* in **Kurume azalea**, to designate one of a group of small, evergreen azaleas developed there from a variety of *Rhododendron obtusum* early in the nineteenth century and introduced to America and Europe by Ernest Henry Wilson (1876-1930) in 1919.

**1920** E. H. Wilson in *Garden Mag.* Mar. 38/1 It was during the Arnold Arboretum expedition to Japan in 1914 that I first became acquainted with these Kurume Azaleas. **1924** E. H. M. Cox *Rhododendrons for Amat.* v. 98 Kurume azaleas should be consistently fed to ensure good flowers. **1949** *Jrnl. R. Hort. Soc.* LXXIV. 145 When first introduced the Kurumes were given an undeserved reputation for tenderness. **1964** J. BERRISFORD *Rhododendrons & Azaleas* iii. 41 In the eighteen-twenties a cult arose among the feudal gentlemen of Japan and the dwarf evergreen azaleas were bred privately... Thus arose the two-hundred-and-fifty-odd varieties of Kurume azaleas, so called from the town of Kurume where they were later discovered. **1965** 'M. NEVILLE' *Ladies in Dark* x. 101 I'd taken up two Kurumes that she'd ordered. **1970** S. B. SUTTON *Charles Sprague Sargent & Arnold Arboretum* x. 258 The pilgrimage to the Kurume Azaleas came at the latter part of an expedition which was, as one expected from Wilson, a success both botanically and horticulturally.

## とてつもない規模の英語辞典ＯＥＤ

ＯＥＤというのは百科事典ではありません。人名辞典でも地名辞典でもないので、原則的に固有名詞は収録されない。Sapporo も Tokyo も Osaka も Kyoto も Fukuoka も立項されていないのに、ここ Kurume は立項されている。意外な発見でした。

ここの図書室ではＣＤ－ＲＯＭが使えるそうですから、ほかに日本語がないか調べると面白いかもしれません。立項されている日本語には、banzai, hara-kiri, inkyo, janken, karaoke, kombu, ramen, Yamaguchi-gumi, Yoshiwara などがあります。

ＯＥＤはとてつもない規模の英語辞典です。膨大《ぼうだい》な、とにかく膨大な語が収められている。約六十万語といわれます。最初、ジェイムズ・マリーという人がそういう辞書を作ろうとしてはじまりました。

ジェイムズ・マリーという人は、語学の天才でした。ごく幼いときに中国語も覚えた。どうやってかというと、聖書の中国語訳を読むわけです。読むというか、英語版と見比べる。そうすると、英語版は読めますから、ああ、これがこの漢字というふうに覚えていく。こういう天才がＯＥＤを作るために大変な心血《しんけつ》を注《そそ》いだ。

もちろん一人ではできなくて、たいへんな数の協力者、今でいうボランティアもいましたし、それから面白いところでは、刑務所の囚人も使いました。結局、この人が生きているあいだは実現できなくて、百年ぐらい前に、ようやく原形が出来上がります。さらに現代でもＯＥＤの

# Kurume

(ku'rume)

The name of a Japanese town on the island of Kyushu, used *absol.*, or *attrib.* in **Kurume azalea,** to designate one of a group of small, evergreen azaleas developed there from a variety of *Rhododendron obtusum* early in the nineteenth century and introduced to America and Europe by Ernest Henry Wilson (1876–1930) in 1919.

**1920** E. H. WILSON in *Garden Mag.* Mar. 38/1 It was during the Arnold Arboretum expedition to Japan in 1914 that I first became acquainted with these Kurume Azaleas. **1924** E. H. M. Cox *Rhododendrons for Amat.* v. 98 **Kurume** azaleas should be consistently fed to ensure good flowers. **1949** *Jrnl. R. Hort. Soc.* LXXIV. 145 When first introduced the Kurumes were given an undeserved reputation for tenderness. **1964** J. BERRISFORD *Rhododendrons & Azaleas* iii. 41 In the eighteen-twenties a cult arose among the feudal gentlemen of Japan and the dwarf evergreen azaleas were bred privately... Thus arose the two-hundred-and-fifty-odd varieties of Kurume azaleas, so called from the town of Kurume where they were later discovered. **1965** 'M. NEVILLE' *Ladies in Dark* x. 101 I'd taken up two Kurumes that she'd ordered. **1970** S. B. SUTTON *Charles Sprague Sargent & Arnold Arboretum* x. 258 The pilgrimage to the Kurume Azaleas came at the latter part of an expedition which was, as one expected from Wilson, a success both botanically and horticulturally.

Late last night I slew my wife
Stretched her on the parquet flooring;
I was loth to take her life,
But I had to stop her snoring!

## azalea

(ə'zeɪlɪə) Pl. **-as**. [a. mod.L. *azalea* (Linn.), a. Gr. ἀζαλέα, fem. of ἀζαλέος dry; so named either from the dry soil in which it flourishes, or from its dry brittle wood.]

A genus of shrubby plants (family Ericaceæ), natives of the northern hemisphere, growing in sandy soil, and blooming profusely, with showy and mostly fragrant flowers, pure white or yellow, or streaked and stained with crimson. The one British species (*A. procumbens*), found in the Scotch Highlands, is by some made a distinct genus, *Loiseleuria*.

**1753** in CHAMBERS *Cycl. Supp.* **1803** J. ABERCROMBIE *Gard. Calend.* 605 Hardy kinds of flowering shrubs and trees..Such as roses..dog-woods, azaleas. **1881** BLACKMORE *Christowell* i, The white chalice of azalea.

**runcible**, *a.*

('rʌnsɪb(ə)l) [Prob. a fanciful alteration of rouncival.]

[redacted] *runcina* [redacted] runcinate leaf

えふ

A nonsense word used by Edward Lear in **runcible cat, hat,** etc., and esp. in **runcible spoon,** in later use applied to a kind of fork used for pickles, etc., curved like a spoon and having three broad prongs of which one has a sharp edge.

The illustrations provided by Lear himself for his books of verse give no warrant for this later interpretation.

ゆうべ女房をころしてしもうた
床にごろりとのばしてしもうた
息の根とめるにゃしのびんかった
いびきをとめにゃあ眠れんかった

"**1871** E. Lear *Owl & Pussy-Cat* in *Nonsense Songs,* They dinèd on mince, and slices of quince, Which they ate with a **runcible** spoon." "**1872** —— *More Nonsense* 235 The Dolomphious Duck, who caught Spotted Frogs for her dinner with a **Runcible** Spoon." "**1877** —— *Laughable Lyrics* 24 He has gone to fish, for his Aunt Jobiska's **Runcible** Cat with crimson whiskers!" "**1888** —— *Nonsense Songs & Stories* (ed. 6) 8 His body is perfectly spherical, He weareth a **runcible** hat." "**1895** —— *Ibid.* (new ed.) 76 What a **runcible** goose you are!" "*Ibid.* 77 We shall presently all be dead, On this ancient **runcible** wall." "**1926** *N. & Q.* 11 Dec. 430/2 A **runcible** spoon is a kind of fork with three broad prongs or tines, one having a sharp edge, curved like a spoon, used with pickles, etc. Its origin is in jocose allusion to the slaughter at the Battle of Roncevaux, because it has a cutting edge." "*Ibid.*, Does a '**runcible**' hat mean one of the sort called a trilby? In that case a '**runcible**' spoon may be one with prongs or teeth." "**1949** Partridge *Name into Word* 373 'He weareth a **runcible** hat.' Thus Edward Lear in 'Self-Portrait', where the hat is a 'topper' with a sharp rim. Now, a **runcible** *spoon* (Lear, 1871) is not a spoon at all but a pickle fork, broadly and triply tined, one tine being sharp-edged and curved like a spoon... The word **runcible** has been built in the architectural style of fencible; indeed, it may constitute a blend of Roncevaux and fencible (capable of defending)." "**1969** R. & D. De Sola *Dict. Cooking* 195/2 **Runcible** *spoon,* not a spoon but a fork with three broad curved prongs, used for serving appetizers." "**1979** *Washington Post* 25 Mar. n6/2 A **runcible** spoon..is a large, slotted spoon with three thick, modified fork prongs at the bowl's end, and a cutting edge on the side."

ホームページでは、さらに新しいものを入れたり修正したりしています。

プリントの **Kurume** を見ますと、まず発音が記されていて、The name of a Japanese town on the island of Kyushu ――これはわかりますね、九州という島にある日本の町の名前。そして、次に **1920** E. H. WILSON in *Garden Mag.* Mar.……というのがあります。これは何を意味するかというと、Kurumeという英語が初めて横文字で現れるのは一九二〇年だということです。E・H・ウィルソンという人が *Garden Mag.*、*Mag.* というのは Magazine の略ですね、お庭の雑誌でしょう、Mar. は March、三月、つまり三月号、E・H・ウィルソンのこの文章が横文字の Kurume を初めて使った。これに初めて載った。どこかの看板や落書なんかではなく、活字として初めて印刷されたということです。これを「初出」といいます。横文字 Kurume の英語圏印刷物に初デビューをしたのがこれだというわけです。それから **1924** E. H. M. Cox ……**1970** S. B. SUTTON まで、一九七〇年の実用例まで、いくつも掲出例を年ごとに記述している。

こういうことを数十万の語についてやっているのですから、OEDのすごさは想像してもらえると思います。世界中の人たちがこれに協力してまして、日本でも当時数人の学者がやはりOEDにそういう報告をする人に選ばれていました。

## 辞書の「語源」に親しむ

次に**Kurume azalea**との関連で**azalea**を見ますと、プリントに一部を示してある日本語で言うアザレア（ツツジ属の一種）ですか、英語ではアゼイリア**azalea**、これを見ますと、複数形はこうで、これはラテン語の何々から来て、これはさらにギリシア語の何々から来ているんだというふうに語源を書いてるんですね。言葉には生まれ素性があるわけで、それを必ず載せる。

語源というのは、ふだんあまり意識しないかもしれませんが、語源を知るとなるほどと納得することはよくあります。こういう小さな辞書（三省堂『新明解国語辞典』）でも、ごくたまに語源が載っています。ちょっと例は悪いかもしれないが……「でばかめ」なんてありますね。でばかめ、知ってる？　聞いたことある？　親戚にいる？　でばかめ。親戚で飼ってる？　そういう亀、飼ってない？　知らない？　誰か知らない？

（生徒たちにとって「でばかめ」は異国語のようであった。）

「でばかめ」というのはですね、こう出てます。

【出歯〈亀〉】〔もと、変態性欲者池田亀太郎のあだ名〕女ぶろをのぞき見などする、変態性の男。

ほら、ちゃんと語源が載ってる。これで池田亀太郎と知合いになったね、みんな。

（一同［笑］）

ぼくはもう大昔に、日本語と日本文学に詳しい年上の友人から岩波書店の小さな国語辞書にこれの語源が載っていることを教えられました。たしかそれには「出っ歯」とありましたが、最近はそういう語を避けるらしい。そしてこの亀太郎さんのことが森鷗外の『ヰタ・セクスアリス』に出てくることも、その友人から教わった。以来、「でばかめ」と『ヰタ・セクスアリス』はぼくにとってセットです。

## dictionary とは「字引く書なり」

ＯＥＤと同じことをやろうとした辞書が日本にもあって、それが『日本国語大辞典』です。ここの図書館にはそなえてあるそうですから、どんなものかぜひ実物を見てください。小学館が、まだコンピュータのない時代に始めた大事業……膨大な手書きのカードで資料を集めて、大変なお金を使って、しかも政府の援助もなく成し遂げた大事業です。現在は電子化されたものを読むこともできる。いつだったか、ぼくはちゃんとした亀太郎さんがいないかと思ってこの電子版に当ったことがあります。同じ亀太郎でも、外山亀太郎という蚕の品種改良をした遺伝学者がいました。

dictionaryという英語を、ぼくはきみらと同じ年頃に「字引く書なり」と覚えました。それから、近頃はあまり耳にしませんが「字引」という言葉をごくふつうに耳にしていた。で、ぼくの田舎の漁師町では地引網という言葉も実物も知っていました。それで大人になってから、ふと気づいてエッセイに書いたことがあります。ぼくは字引網で言葉を漁《すなど》ることが仕事であり日常であるという趣旨のエッセイです。

横文字Kurumeを探してOEDという大海に字引網を投げ入れた次に、ぼくはこの学校の「附設」を探して、大きな辞書に字引網を投げ入れました。

## 附設（板書）

というのも、この「附設」という言葉がぼくにとってはやや見慣れない語なんです。気になりましてね、一般には何々大学付属高校とか、「付属」が一般的なんです。ぼくの第一感としては、これは中国から来た漢語ではない気がした。それで漢和辞典を調べます。

## 「附設」を求めて辞書をさまよう

『諸橋大漢和辭典』（大修館書店）という、これも図書館にそなえてあるそうですが、膨大な漢語の収録されている辞書があります。それを調べてもないんです。「附設」という漢語はない。それから、中国から出ている三十七、八万ぐらいの漢語が載っている『漢語大詞典』というのも丁寧に見ましたが、ないんですね、附設という語は。

これはどうやら日本で作った言葉だなというふうなほぼ確信に至りまして、それで『日本国語大辞典』の「附設」に行き着いた。そうしましたら「附設」の、さっき言った初出がですね、明治四十一年（一九〇八年）の監獄法となっている。「付属して設けること。また、そのもの」という定義があって、監獄法（明治四一年）〔1908〕八条「労役場は之を監獄に附設す」。実用例はこれ一つだけ。

それから、正確には平仮名ではなく片仮名。「労役場ハ之ヲ監獄ニ附設ス」となっています。それで、ぼくは変な気分になりましてね。これから久留米大学附設中学校という学校へ行くのに、なんでそんなもともと監獄法から出た言葉のところへ行くんだ。で、どうもこれは怪しいのじゃないかと思ったんです。学校の名称の出自が監獄法というのは解《げ》せない。

そこで、今は幸い全文検索というのができますから、『日本国語大辞典』の全文検索をやりましたら、すでに一九〇七年、いや、もっと前には一九〇六年に「山口県立山口図書館報告」というのに載ってるんですね。それから、もっと古くは「水産講習所官制」とかいうのにこうある。

「水産講習所ハ水産調査所ニ附設シ水産ノ伝習及試験ニ関スル事務ヲ掌ル」。

つまり水産、今でいう農水省でしょうか、そこの「附設」が初出なんですね。これでぼくは腑に落ちました。ああ、監獄法からでなくてよかったというふうに思いました。ちょっとホッといたしました。

実は昨夜、若い先生たちと飲んだときに、「附設の初出は監獄法です」と言ったら、皆さんエッという顔になった。ぼくが変な気分になったのと同じような感覚だったのではないでしょうか。本当は監獄法ではなかった。辞書もたまにこういう間違いというか、手ぬかりはあります。

## 高校時代に読んだ英和辞典

今、ぼくはＯＥＤ、あるいは『諸橋大漢和辭典』、中国の『漢語大詞典』、『日本国語大辞典』というふうな一連の辞書の話をしてきました。最初に言ったように、ぼくはものを知ろうとすると真っ先に辞書に当たる。

ぼくは北海道の根室という一番日本の東の外れの、まあ、文化果つるようなところで育っていた。それで中学時代はほとんど勉強してない。高校へ入って、大学へ行くにはやっぱり勉強せにゃならんと思って、受験勉強というものに初めて取りかかるんですが、そのときに英語で何をやったかというと、もっぱら辞書を読むことをやったんです。

その辞書が、今プロジェクターで映っている英和辞典です。

正式には『熟語本位　英和中辭典』（岩波書店）といいます。齋藤秀三郎《さいとうひでさぶろう》という人が独りで作った英和辞典です。最初は大正四年（一九一五年）、正則英語學校出版部・日英社というところから出版されました。正則英語學校というのは齋藤秀三郎が創設した学校です。この辞書が後に、昭和十一年（一九三六年）、豊田實《とよだみのる》という英語学者の手になる増補新版となって岩波書店から出版された。ぼくが高校時代に読んだのは、その岩波書店版です。一九三六年、つまりぼくが生まれるよりずっと前に刊行されている。さすがに久留米附設はこの辞書を図書館にちゃんと備えてありました。

## 本当の語学の天才が作った辞書

齋藤秀三郎という人はすごい人でした。本当の語学の天才、英語の天才。シェイクスピア劇団が本場から来たとき、かなり酔って公演を見ていて、「おめえらの英語はなっとらん！」というのをロンドン訛《なまり》の英語で野次《やじ》ったという。これがちゃんと当時の毎日新聞に載ってます。それぐらい英語の実力がすごい人でした。

指揮者の小澤征爾さんという方、名前は知っていますね。あるいは演奏を聞いたことがありますか。あの小澤征爾さんの先生が斎藤秀雄という人です。指揮者として数十年前まではまだ現役で活躍していたと思います。その斎藤秀雄さんのお父さんがこの齋藤秀三郎という人なんです。そういうつながりの血筋の人です。父親も息子も、まあ、すごい人だった。

この『熟語本位　英和中辞典』を、ぼくがきみらの学力の頃、いや、高校生だったけれどきみらの学力以下だったかもしれない、その頃に読み始めて、高校時代は最も時間を費やして読みふけったものです。ぼくに英語の実力というものが仮にあるとすれば、その基礎を全面的にこの辞書に負ってます。

ぼくが生れる前に出版された辞書をこうして持ち出してきて、五十年以上も前のぼくの英語学習法を話して、それが今の時代に、今のきみたちに通用するのかどうか、ためらいがあっても不思議ではないかもしれませんが、ぼくにはそういうためらいが全然ありません。それくらいこの辞書はすごい、充実度がすごいのです。

## ヨレヨレになり、手垢《てあか》にまみれ、くさくなるほど読んだ

で、どれぐらいこの辞書を読んだかといいますと、ほとんど全ページ赤鉛筆の線だらけになって、もちろんヨレヨレになりました。セロテープや、それから当時は紙絆創膏《ばんそうこう》なんてのがあって、そんなので修繕していた。くさくなりましたね、手垢《てあか》にまみれて。おまけにね、ぼくの育ったような田舎では便所は大変な所で、そうした便所へ持ち込んで読む。便所というのは今のトイレと違って、もうそれ自体くさい。そういうところへ持ち運んで変なにおいのついた、しかも手垢にまみれたのを、大人になってもずっと大事大事に手放さずにいました。

すると、これは以前エッセイに書いたこともありますが、あるとき、ぼくの大事にしている猫がその辞書をくんと嗅いで、「くさい」と言うんです。言うんです、本当に。ぼくは猫が好きで、猫語もやりますから、わかる。ぼくは猫を絶対的に敬《うやま》ってるもんですから、「これは失

礼いたしました」と丁寧に謝って、丁寧に新聞紙で包装して、丁寧にその辞書を処分しました。そして直ちに新しいのを買った（一〇五頁コラム④参照）。

その新しい版は昔より印刷がぐっとよくなっています。内容は全然変わってません。今でも齋藤秀三郎のこの辞書は、いつもデスクの上にあります。

別にぼくは前置詞の勉強をしてるんじゃないし、受験勉強をしてるんじゃないんですが、これは訳語でも語釈でも独特の素晴らしさがあります。ぼくの原点はいつもこれなんで、いまだにそばに置いている。そして今でもよく開く。だから今の二代目も表紙がすり切れてきて、ビニールテープで補強してある。

ただ、ぼくが生れるよりずいぶん前に刊行されたものですから、字が古い。今のきみらに読めるかどうか……。

## 『齋藤中英和』を中学生が読めるかどうか試してみる

（プロジェクターで投影されている文字を生徒にいくつか試してみた――

來る、歸る、醉ふ、圖る、殘る、隱す、接觸、搜索、榮譽、團體、單獨、醫學、繼續、などは読めるようである。）

思わず、「おお、読めるんだ、驚いたね、すごいや」などと驚きの声が出る。『熟語本位 英和中辭典』は今の中高生には読めないというふうに、頭から決めてかかるのは間違いだろう。

一昔前の文字や用字も、例示されている英語が手掛りになる。次のような例では読みを推測できるはずだし、意欲のある学生ならそれを漢和辞典で確かめると思う。

The ball **hit** him **on the head**. 球が頭に中つた。

**side by side** 竝んで。

**Each** country **has its own** customs. 所變れば品變る。

読みを示しているものも少なくない。

刮（こそ）げる、虐（しひた）げる、蹲（うづくま）る、蔓（はびこ）る、詰（なじ）る、憐愍（れんびん）、鑿（のみ）、喞筒（ぽんぷ）、犠（いけにへ）、蟒蛇（うはばみ）、膃肭臍（おつとせい）、臘虎（らっこ）、海鷗（あはうどり）。

**inflame** の訳語に「焮衝（炎症）を起さしむ」とある。焮衝《きんしょう》は読めなくとも、炎症の意味であるのはわかる。

『熟語本位 英和中辭典』を筆者が若い読者に薦《すす》める理由の一端である。

## 【コラム④】引くだけでなく読むための辞書

齋藤秀三郎著、熟語本位 英和中辞典（岩波書店）。筆者にとって、これは英語の恩師だ。英語はもっぱらこの辞書から学んだ。

おそらく今日の高校生や大学受験生のほとんどは、受験指導のプロに受験英語を仕込まれているだろうから、筆者のごとき門外漢が口出しをする必要はないかもしれない。しかしたんに受験技術としてでなく、本気で英語を理解するつもりがあるのなら、この辞書を勧める。とくに地方に住んでいて、受験プロの指導を受ける機会に恵まれない受験生には、筆者自身の体験から責任をもって勧めたい。

そしてまた、幸い受験勉強をかいくぐった大学生で、もし本気で英語を読めるようになりたいという読者がいれば、やはりこの辞書の熟読を勧める。

あるいはまた、幸い入社試験をかいくぐった若い社会人で、もし本気で英語を読めるようになりたいという読者がいれば、やはりこの辞書の熟読を勧めたい。

これは、それほどすごい英和辞典なのだ。（中略）

ずっと大切にしていたが、あるとき猫がくんくん鼻を近づけ、「これ、ほかの本と違うな」といった。正確には、猫語ではっきりと、「これ、臭いにゃー」といったのです。あわてて処分し、買い替えました。

――『辞書はジョイスフル』（一九九四年ＴＢＳブリタニカ、九六年新潮文庫）

## やさしい動詞や前置詞を徹底的に読むこと

きみらが古い字をずいぶん読めるので、驚いたし嬉しいです。と同時に、この辞書を初めて手にした頃のぼくの学力を思うと冷汗が出ます。英語の学力の前に、日本語のレベルの低さです。「非ず」なんてのを「ヒズ」と読んで、変だなあと思って……それで漢和辞典を引いて「あらず」に行き着いたのではないかな。「不得已」を、当時のぼくが「やむをえず」と読めたはずはない。「聯想」を連想と読めたかどうか。此処《ここ》や其処《そこ》や何卒《なにとぞ》をようやく読めた程度だったでしょうな。

この辞書の最初のページで出会う女性が「an **abandoned** woman 莫連（ばくれん）女」です。**past** の項目では a woman **with a past**「泥水を飲んだ女」というのにも出会う。女性についても初《うぶ》だし日本語も初だから、莫連女がどんな女なのか見当もつかない。なんで泥水を飲んだのか、さっぱりイメージがわかない。

そんな初で未熟なぼくでも、この辞書を、ひたすら、もっぱら、がむしゃら、とにかく読みふけった。それが土台になって、英語でも日本語でもまあまあ世の中に通ずるくらいになりました。その体験からきみらにもこれを読めと薦めるわけです。

この英和辞典の最大の特長は前置詞です。一番有名なのは**with**で、十一ページもある。今のぼくならさらさらっと読めてしまうけれど、当時のぼくにとっては読んでも読んでもまだあるという感じでした。読んでは忘れて、また読み直す。この**with**を何度も読んでいるうちに、あるときふっと、なるほど英語ってこういうものかと、ふっとひらめいた瞬間があったのを今でも覚えています（五七頁コラム③参照）。

この辞書を読むというのは、まず前置詞を徹底的に読むことです。そしてもう一つは、やさしい動詞を読む。たとえば**have**や**make**や**put**……それから、自分がいかにも知ってるようなつもりになっている語を徹底的に読む。**this**でもいいし、**that**でもいいし、**than**あるいは**more**……とにかくそういう基本的な語をぼくは読みました。いっぺんで覚えられませんが、だんだんだんだん体にしみこんでくる。

## 前置詞 on だけで十ページを超える

前置詞**on**を開いてみましょう。全部で十ページ以上ありますが、〔表面との接触〕とあって、

The beard grows **on the chin**, the whiskers **on the cheeks**, the moustache **on the lip**. そ

して「頤に生える髯を"beard"と云ひ、頬に生えるのを"whisker"と云ひ、鼻下に生えるのを"moustache"と云ふ。」と語釈がつづく。

『正則英語学校講義録』（名著普及会）という復刻本があります。生徒とのやりとり形式で書かれた講義も収録されていて、そこでもこの**on**が説明されています。

「蠅は天井を匐ふ事が出來る」という問題が出され、指名された生徒が、

"Flies can creep..."

と言いかけると、先生が「匐ふ」は「歩く」でいいと言う。

そこで生徒が答えます。

"Flise can walk under ceiling."

（"Flise"はたんなる誤植か、それとも学生の間違いやすい綴りに目を向けさせるためかは不明。）

すると先生が**"walk under the ceiling"**は「それなら人間だつて出來ます」と言い、「天井を匐ふのは面上を匐ふのだから前置詞は無論**"on"**である」と教える。そこで生徒は正解を言う。

"Flies can walk **on** the ceiling."

この『講義録』はなかなか面白く、今のぼくが読んでもときどき教えられることがあります。一つだけ引くと、「今年は馬鹿に蚊の多い年だ」という問題が出される。生徒の答は、

"There are many mosquitoes this summer."

すると先生が「さう、それでもよいが、蚊のひどいのは **"bad"** を使つて定複数（此邊の蚊全體として）にして云ふ、**Once more !**」

生徒の正解は、

**"The mosquitoes** are **very bad** this summer."

なるほどと、今のぼくでもうなります。

## 顔の部位もついでに知る

さっきの例文に戻ると、

The beard grows **on the chin**, the whiskers **on the cheeks**, the moustache **on the lip**.

英語を習い始めたころ、**lip** は最初に唇と覚えるでしょう。ぼくもそうでした。この英文で、そうか鼻の下、つまり上唇から鼻までの部分も **lip** なのだと知る。

きみらと同じころ、というか、高校生になってこの辞書を読み始めたころ、ぼくがビアド **beard** やウィスカーズ **whiskers** やマスターシュ **moustache** を知っていたかどうか。たぶん知らなかった。一つ一つ、この辞書で確かめたと思います。きみらはアメリカ英語を教わっているそうですから、マスターシュ **moustache** でなくマスタシュ **mustache** と教わるでしょう。この辞書にアメリカ綴りの **mustache** はありません。

見なれない漢字がありますね。

頬や鼻は、頬、鼻と読めるでしょうが、今の字とはちょっと違う。いわゆる旧字です。

頤——**chin** だから「あご」と読めるかな。「あご」と読んでも間違いではない。当時のぼくはどう読んだかというと……はたして読めたかどうか。この辞典の **chin** には「顎、頤」とあります。顎は読めても、頤は読めたはずがない。

今のぼくは、もちろん読めます。《頤に生える髯を "beard"……》——「おとがい」と読みます。齋藤秀三郎は「おとがい」と読んだ、そう断言できます。

なぜかといえば、齋藤秀三郎は大正十一年（一九二二年）、『携帯英和辞典』（のちに『斎藤英和辞典』）という英和辞典も出版していて、それの**chin**には「頤（アゴ）、頣（オトガヒ）」と読みをカタカナで入れてあるからです。また、『齋藤和英大辭典』というのも出版していて、それの**Otogai**には頣、**Ago**には顎とあるのです。

「頣」という文字は少し古い小説などにはよく出てきます。𦣝（音はイ）＋頁（音はケツ）。左側の部分、偏《へん》は大臣の臣でありませんぞ。白川静『字通』（平凡社）によれば、𦣝は「乳房の象形」。お姫様も旧字ではお姫樣。ちゃんと乳房がある。

右側の部分、旁《つくり》の頁は、顔、頭の意です。『字通』によれば、頣は、「乳を飲むとき、乳子はあごを動かすので、あごの意となる。」

## なぜ、漢字の一点の格差について騒がないのか

余談になりますが、芥川龍之介の『鼻』は皆さん知っていますね。芥川作品にはいろんな版があって、ぼくの手元にもいくつかあります。作中、二つの漢字が出てくる。「頤」と「頣」です。この両方に「あご」という同じフリガナをふっている版があって、びっくりしたことが

あります。あの神経質な芥川が漢字を使い分けているのだから、同じ「あご」という読みではありえない。

偉そうなお坊さんの顔をあれだけ戯画化しているのですから、顋は「えら」と読むのがいいのではないかと、ぼくは思います。あるいは古語風に「あぎ」か「あぎと」ではないか。「あぎ（と）」は上あごです。

そして頤は「おとがい」と読むべきでしょう。種本の『宇治拾遺物語』には「おとがひ」（版によっては「頤《おとがひ》」）とあります。「おとがい」は下あごです。

『鼻』は短い作品ですから、「顋」と「頤」を自分で見つけてください。

鼻にもうちょっとだけお付合いしてもらいましょう。

## 鼻　鼻（板書）

『熟語本位　英和中辞典』の**nose**にはもちろん「鼻」とあります。**blow one's nose**「鼻をかむ（は往々涙を隠すため）」というのも見える。齋藤秀三郎の「鼻」をさきほどいわゆる旧字と言いましたが、正しい字、正字と言うのが本当かもしれません。**nose**を表す古代の象形文字は「自」でした。それに音符のビ「畀」が付いた。それが鼻です。《空気を「自（＝みずから）」に「畀（＝あたえる）」》と注解している辞書もあります。

ところが政府が、当用漢字だ、教育漢字だ、常用漢字だと言い出して、勝手に鼻を鼻にしてしまった。ところが鼾《いびき》には鼻を残している。

鼾（板書）

そうそう、ついでにさっきの「くさい」ですが、それを漢字で書くと、きみらは「臭い」と書くでしょう。齋藤秀三郎は「臭い」と書いている。

臭　臭（板書）

「臭」という字は見てのとおり「自＋犬」です。「**nose**＋犬」です。皆さんが学校で教えられている字、今の教科書、新聞、出版物の字は、すべて「**nose**＋大」です。『字通』の白川静先生は、『文字講話』（平凡社、二〇〇二年九月）でこう語っている。

《今の字は臭とかき、犬の点が入っておりません。それでは大きな鼻で、一向に嗅覚が利《き》かんのです。なぜこの一点を削ったのか、わけがわかりません。急（急）にしても臭（臭）にしても、わけもなく字形を削って、字形の意味が失われてしまうのです。》

ところが「嗅ぐ」には犬を残している。政府のやることは、ほんとにわけがわかりません。国民も一票の格差については騒ぐけれど、漢字の一点の格差については騒がない。

## 英和辞典を読むために漢和辞典を引く

漢字の話を始めるとついついしゃべりすぎるので、切り上げて、『熟語本位　英和中辭典』に戻ります。前置詞 **on** をもう少し見ましょう。

［接觸より侵入］とあって、

**encroach on** one's territory（隣國を）蠶食する。

この「蠶食」を、当時のぼくはまったく読めなかった。

## 蠶（板書）

——こんな字は見たこともない。読めない字をそのまま通り過ぎてしまうこともなくはなかったけれど、たいていは漢和辞典を開く。この字の場合は、虫偏《むしへん》（虫の部）を探すわけです。これは蚕《かいこ》です。さきほどの、ちゃんとした亀太郎さんが研究した「蚕」。『熟語本位　英和中辞典』を読むために漢和辞典を引く。そのうちに漢和辞典で字を見つけるのもかなり早くなった。それから三十年後、『フィネガンズ・ウェイク』翻訳に没頭して、それはもう、さんざん漢和辞典と漢字のお世話になって、漢和辞典と首っ引きで訳語をひねくり出すのですが、齋藤秀三郎を読んだこの時代の経験がありましたから全然苦じゃない。楽しくてしようがなかったですね。

「蠶食」は「さんしょく」と読みます。今の字では「蚕食」。三食と同じ音ですので、覚えやすい。ぼくの場合は、夏目漱石や芥川龍之介や寺田寅彦をかじるようになった高校時代には目にするようになって、三食と同じようになじみになりました。ただし、蚕食と三食ではアクセントが違います。詳しくは『新明解国語辞典』に譲りましょう。たとえば、猫と猫なで声、ゴルフとゴルフ場……そういうアクセントの違いが『新明解』には明記されています。

去年、ぼくは滋賀県の長浜市へ行ったのですが、「養蚕《ようさん》の館《やかた》」という資料館があるのを知りました。ぼくは北海道の東端育ちですから、「養蚕」という言葉をまったく耳にしないで育ちました。蚕と蚤《のみ》の字の違いも知らなかった――まさか、そこまで無知ではなかったでしょうが、しかし現在、「養蚕の館」のある長浜市でも、養蚕という語はめったに耳にしなくなったらしい。ましてや、「蠶」という字は行方不明になったままのようです。ここ、久留米附設でも同じような状況かと思います。

なお「蠶食」を読めなかったときから三十年後、ぼくは『フィネガンズ・ウェイク』翻訳でこういう訳文をこしらえました――《蠶食《さんしょく》は侵食《しんしょく》の謂《いい》。》

読めない漢字といえば、**charm** の項目に、[**-s**]「(女の) 縹緻、色香」というのがある。

## 縹緻 (板書)

――こんなの、とても読めませんよね。もちろんぼくも読めなかった。色香のほうは、まだ実物体験がなくても、「いろか」と読めて、どうやら想像もつく。でもこれは読めない。たぶん国語の先生でも……どうでしょうか。

「縹緻《きりよう》」と読みます。ぼくがこれを読めるようになったのは、そうとう大人になってからでした。今はほとんど目にしませんが、そんなに古い作家でなくても使っている。齋藤秀三郎の時代には、そんなに珍しい表記ではなかったのでしょう。

それから **turtle** の訳語は「海龜、正覺坊」とある。海龜は海亀と読めますね。旧字の「龜」は、いかにも象形文字の名にふさわしい。もっともぼくは正確に書けません。書けなくたっていい、読めればいいんです。正覺坊《しょうがくぼう》は読めなくてもいい——今、フリガナをふったので読めるようになったでしょう。読めない文字もいずれは——たとえば今みたいに——読めるようになるものです。

**ガールフレンドを携帯《けいたい》して小書《こびる》に行く**

名詞の **good** にこういう例文があります。

That school will **do** you **good**.

たぶん、訳せますね。久留米附設中学について、皆さんはそういう評判を耳にしていたから、この学校を受験したのではないでしょうか。
齋藤秀三郎はどう訳しているか。

「あの學校へ這入ると（屹度）埤益する。」

フリガナはふりません。読みは自分で調べてください。

**lunch** には「晝食、こびる、辨當。」とあります。
こびる——当時の漢字表記は「小晝」でしょう——意外に新鮮な言葉ではないでしょうか。
わが家では、ぼくが昼食にビールの小瓶を一本飲みたいときは、女房に「こびる」と注文します。

**with** を読んでいくと、こういう例文と訳語がある。

**He had** his wife and children **with him**.　妻子携帶。

携帯（携帯）電話も子供も持たないぼくですら、「携帯」が「同伴」の意味であるのはわかります。むろん、皆さんにもわかるはず。「ガールフレンド携帯」なんてのを使ってみてください。これまた意外に新鮮な若者言葉として定着するかもしれません。

冗談はさておき、ぼくは携帯電話を、ケータイを持ちませんから、いざそれを手にしてもどう扱っていいかまったくわからない。どういう使い道があるのかもぜんぜん知りません。しかし**with**という前置詞なら、きみらのケータイがきみらの手になじんでいるように、ぼくにはしっくりなじんでいる。**with**でも**on**でも**in**でもいい、とにかく一つの前置詞になじむ――さきほども言いましたように、一つの前置詞になじんでくると、なるほど英語ってこういうものかと、ふっとひらめく瞬間が訪れます。

## でっかちない間違い

齋藤秀三郎は、この英和辞典に英語で序文を書いています。
しばらく読んで行くと次のような文章に出会います。

"The story of Benkei and the temple-acolyte is a case in point. They held a wager as to which of them should be the first to knead an *ohachi*-ful of rice into rice-paste. You must all know that rice-paste is made by crushing the grains of boiled rice with a sort of bamboo ferule on a piece of board. The story runs how the redoubtable hero went about his task truly Benkei-fashion, and emptied all his *ohachi*-ful upon his *nori*-board, and how in his eager hurry he tried to knead all the rice at once. On the other hand, our incipient bonze, who, like the proverbial acolyte, seems to have been a cute chap, proceeded business-like to knead the grains one by one. One grain at a time looks like slow work, but that is the best and surest way to do it. By the time the sun went down, his *ohachi*-ful of rice was a beautiful mass of paste..."

いきなり弁慶とその弟子（Benkei and the temple-acolyte）みたいなのが出てくる。あえて今、翻訳しませんが、ぼくはこの序文の英語を高校時代には読めなかった。読むゆとりもなかったです。読んだのは大学へ入ってからか、もっとあとでした。

問題は次の英文です。

an *ohachi*-ful of rice into rice-paste

とありますね。この rice into rice-paste ですが、でっかちない誤訳でもいいですから、ちょっと訳してくれる？

（ここからしばらく生徒たちとの会話になる）

間違ったっていいんです。でっかちない間違いしていいですからね。でっかちない。でっかちない間違い、わかる？　でっかちない間違い、わからないですか。どんな間違い？「でっかち」はわかるでしょう。頭でっかち。どういうこと？　でっかち。……え、でっかちって聞かない？　頭でっかち、うん、だから、でっかちって。

**生徒**　大きくない？

**柳瀬**　大きくない？「大きくない過ちをしてもいいです」……ちょっと変だね。小さな間違いならいいとぼくは言ったつもりはないです。

国語辞典には……載ってないね。載ってない。そうか、載ってないか。じゃ、これは大野（晋）先生の古語辞典（『岩波古語辞典』）ですが、えーと、あります。ちょっと読んでもらおう。

**生徒**「非常に大きい。たいへんだ。でっかけない、でかばっちないとも」。「『ない』は強意の接尾語」。

**柳瀬**　はい。覚えた？　覚えました？　でっかちない。なんかでっかちじゃないのかなと思いますよ、そりゃね。思うんだけど、「ない」は強意の接尾語なんですね。そんなはずないと思わないでくださいよ。たとえば？

**生徒**　「とんでもない」とかの「ない」とか？

**柳瀬**　「とんでもない」の「ない」は違うな、否定でしょう。たとえば、「はしたない」。はしたっていうのは、端っこ、それが強調されると「はしたない」。

（この後、脱線して「せつない」「せわしない」「いたいけない」「まんべんない」などを挙げた。）

## ご飯が米糊に「なる」

**柳瀬**　さて、さっきの rice into rice-paste ですが、訳してくれる？

**生徒**　何々の中に。

**柳瀬**　中に？　ん？

**生徒**　米から、米の中に paste だから、おじや？

**柳瀬**　米の中に米、米おじや、よくわかんないな。

into は「中に」……そういう意味もあります、そういう使い方もある。しかしそれで止まってしまっては、まだまだ英語にはかなり遠い。まったく英語を理解していないんです。英語に慣れてくると、rice into rice-paste、しかもわれわれ日本人ですから、rice が rice-paste に変わる、rice が rice-paste になる、と、瞬時に理解したいですね。

イギリスのある作家に *Lady into Fox* という小説があります。これも瞬時に「狐になったご婦人」と読める。「狐の中に入ったご婦人」とは読めないんです。

で、rice-paste というのは——これは齋藤秀三郎が作った英語だと思いますが——コメペースト、米糊《こめのり》です。きみらはそんな糊を使ったことないでしょうね。ぼくも今ではやりませんが、何か手紙を書いて封をするときに糊が近くにないと、ご飯粒《はんつぶ》をグイグイッとつぶして、それが rice-paste ですね。そんなの使ったことない？　ないよね。今度使ってよ。

**一同**　（笑）

## 弁慶式やり方と牛若丸式やり方の違い

**柳瀬**　で、弁慶と牛若丸が、どっちが早く米糊を作るか競争するんです。弁慶は、まさか長刀《なぎなた》は使わなかったでしょうが、an *ohachi*-ful of rice（お鉢《はち》いっぱいのご飯）を俎板《まないた》ならぬ糊板《のりいた》

*nori*-board にわさっとのっけて——いっぺんに糊にしようとする。Benkei-fashion とありますね、弁慶のファッションじゃないよ。「弁慶式」、「弁慶風」のやり方という意味です。ところがこの Benkei-fashion はうまくいかない、糊になっていかない。

一方の牛若丸は、一粒一粒こうつぶして米糊にする。

One grain at a time looks like slow work……訳してくれる?

**生徒** 一粒一粒つぶすのは遅いように見えるかもしれない。

**柳瀬** はい、うまいですよ。「つぶす」という語はないけれど、ちゃんと日本語にした。

齋藤秀三郎はこの英語の序文の冒頭でこうも書いています。

Words are nothing in themselves, and everything in combination.

語はそれぞれ単独では nothing であって、結合してこそ everything である。意味は取れますね。nothing と everything は訳さないでおきます。高校生になってから訳語を決めればよろしい。

ぼくが古文でその rice-paste を知ったのは、もうほとんど受験間際か、あるいはもしかすると大学へ入ってからかもしれませんが……えーと、どっちの漢字を書いたらいいかな……。きみらは読めるから、古いほうを書こう。

続飯（板書）

今の字では「続飯」ですが、古い字のほうが糊作りに手が込んでいるように見える。これは「そくい」と読みます。古文の辞書では「そくひ」。

さっき言ったように手紙の封をするのにこれを使った。なかなか剝《は》がれないのでじれったいという記述が『枕草子』にあります。また、琵琶を奏でようとしたら、その「柱」、「じゅう」というんですが、それが外れているのを懐から出した続飯で修繕したというのが、『徒然草』にあります。

## 小さな国語辞典を徹底的に読む効用

きみらと同じぐらいの学力のときに、ぼくはもっぱら齋藤秀三郎の『熟語本位 英和中辞典』を読んでいました。それで精一杯、ほかの辞書を読むなんて余裕はとてもなかった。

その後、大学へ入ってから、あるいは大学院へ進んでから、自分の日本語はダメだ、知らないことばっかりだ、ボキャブラリーが足りない、それを痛感して、小さな国語辞典を丸暗記することにしました。当時の代表的な国語辞典は岩波から出ているものでしたが、それを頭から読んでいき、一冊はぶち壊れました。真っ黒になって、完全にぶち壊れた。

もし皆さんが、ふつうの小さな国語辞典を軽んずるというか、軽く見るとしたら、それは大間違いです。ほんの数ページ、二、三ページでもいい、読んでみると自分の日本語がいかに貧弱であるかがわかるはずです。

小さな国語辞典はなにがいいかという質問をよく受けますが、ぼくはこの『新明解国語辞典』を推薦しています。ぼく自身がかなり読んでいて、知っているからです。ややクセのある辞書なんですが、読んでいて非常に面白くて、ぼくはこれにしばしば教えられることがありましたし、まあ、これからもあるような気がします。さっきの「そくい」も載っていますよ——「飯粒を練って作った、強いのり」とある。

## 『新明解国語辞典』の傑作定義のいくつか

一番有名なのは「読書」の定義でしょう。普通の国語辞典では、たんに「本を読むこと」で終っているけれど、この辞書では「寝ころがって漫画本を見たり、電車の中で週刊誌を読んだりすることは、勝義の読書には含まれない」と但《ただ》し書《がき》まで書いてある。

「凡人」は、たんに平凡な人間ではなくて、「自らを高める努力を怠ったり功名心を持ち合わせなかったりして、他に対する影響力が皆無のまま一生を終える人。〔マイホーム主義から脱することの出来ない大多数の庶民の意にも用いられる〕」。

「俗人」の定義は、「高遠な理想を持たず、すべての人を金持と貧乏人、知名な人とそうでない人とに分け、自分はなんとかして前者になりたいと、そればかりを人生の目標にして△暮らす（努力する）人」。

　それにしても世の中には俗人になりたがるのが多いですね。

　この辞書に詳しいある人が、ほかに次の項目を挙げていました。恋愛、必要悪、口惜しい、軋む、実社会、人生、たぬき、動物園、白眼視、勉強などです。読んでみてください（一二九頁コラム⑤参照）。

　最初に言ったようにぼくは久留米に来るのは初めてなんで、「くるめ」の音に近いあたりを読みました。「くるる」というのがある。知らない語でした。

**くるる【枢】**〔くるくる回る部分の意〕ちょうつがい発明以前に用いられた、扉を開閉するための仕掛け。「戸まら〔＝扉のかまちの軸になる側の上下に突き出した、短い丸い棒〕」と「戸ぼそ〔＝戸まらを受けるために、扉をはめ込む入口の上下の横木に掘った穴〕」とから成る。

と書いてある。今度お父さんに、「戸まらって何？」と聞いてみてください。男同士の会話になるかもしれません。

## ナンセンス詩とはどんなものだろう

さて、宿題に出しておいたエドワード・リアのナンセンス詩に行きましょう。ナンセンスの何たるかを話すゆとりはありませんので、リアの前に、プリントにあるこの詩を見てください。

Late last night I slew my wife
　Stretched her on the parquet flooring;

【コラム⑤】『新明解国語辞典』の面白定義あれこれ

**れんあい【恋愛】** 特定の異性に特別の愛情をいだき、高揚した気分で、二人だけで一緒にいたい、精神的な一体感を分かち合いたい、出来るなら肉体的な一体感も得たいと願いながら、常にはかなえられないで、やるせない思いに駆られたり、まれにかなえられて歓喜したりする状態に身を置くこと。

**くちおしい【口惜しい】**（形）相手の品性の下劣さが分かったり粗悪な対象をつかまされたりして、それらに期待をかけた自分の鑑識力の無さがたまらなくいやに思われる様子だ。

**きしむ【軋む】**（自）板敷の床や廊下を大の男が闊歩する時に「みしみし」という音がしたり、天秤棒で物をかつぎ歩く時に棒と吊縄とがすれて「きっきっ」という音をたてたりする。

**じっしゃかい【実社会】** 実際の社会。〔美化・様式化されたものとは違って複雑で、虚偽と欺瞞とが充満し、毎日が試練の連続であると言える、きびしい社会を指す〕

**どうぶつえん【動物園】** 捕らえて来た動物を、人工的環境と規則的な給餌とにより野生から遊離し、動く標本として都人士に見せる、啓蒙を兼ねた娯楽施設。

**はくがんし【白眼視】** 自分たちとは住む世界が違うのだぞ、と言わぬばかりに、よそよそしい態度を取ること。

**べんきょう【勉強】**〔そうする事に抵抗を感じながらも、当面の学業や仕事などに身を入れる意〕

——一九九七年発行、第五版より

I was loth to take her life,
　But I had to stop her snoring!

ゆうべ女房をころしてしもうた
　床にごろりとのばしてしもうた
息の根とめるにゃしのびんかった
　いびきをとめにゃあ眠れんかった

これがナンセンス詩です。面白いでしょう。そのうちきみらも結婚して、女房のいびきというのがどういうものかわかりますから、そうするともっと面白くなります。wife と life が韻《いん》を踏んでますね。それから、flooring と snoring がやはり韻を踏んでいる。内容も面白いんだけれども、韻を踏んでいるからなおさら面白い。

原文の韻は一行目と三行目と、それから二行目と四行目です。そういうふうに訳すこともできたのですが、これを訳したのは、もう四十年ぐらい前かもしれない。そのときには、もっと日本語で目立たせたほうがいいかなと――つまり、日本語の韻というのはあまり遠くまで行っちゃうと忘れちゃうんで、それで「しもうた」「しもうた」、「んかった」「んかった」と訳した

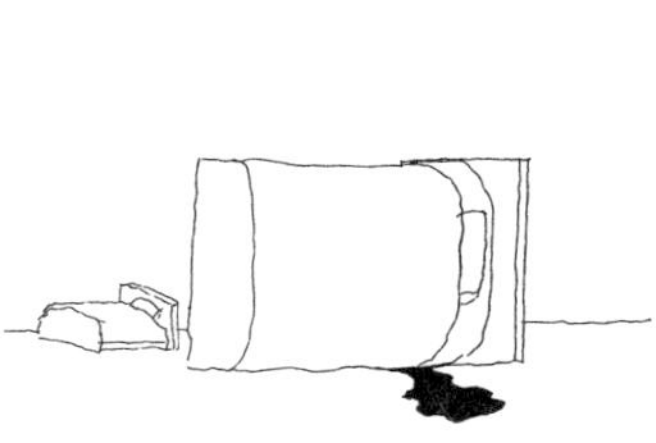

わけです。これ名訳です。うまいんですよ。まあ、初めてこんな表現を使いますが、ぼくはこういうことやらせたら天才的ですからね（笑）。

## エドワード・リアのリメリック

さて、次にエドワード・リアへ行きます。これがエドワード・リアという人の書いたリメリックという面白いジャンルの詩の全文と全訳文です（『完訳 ナンセンスの絵本』岩波文庫、八九頁）。

There was an Old Person of Bangor,
Whose face was distorted with anger,
He tore off his boots,
And subsisted on roots,
That borascible Person of Bangor.

バンゴアのおやじすぐ怒りたがる
怒って顔がひんまがる

ブーツをビリビリ引きちぎり
赤かぶバリバリ食いちぎり
猪呵《いか》るおやじをみんな怖がる

リメリックというのは、A・A・B・B・Aというふうに、一行目、二行目、五行目が韻を踏んで、三行目、四行目が韻を踏むというルールで書かれる滑稽詩《こっけいし》です。

これを訳すとき、日本語の一音だけだとあんまり目立たないんですね。あるいは、まったく耳立たない。で、ぼくはリメリックを訳すときは二音の韻で訳すことに決めました。まだパソコンはむろん、ワープロさえない時代でした。電車の中でも、物を後ろから読む練習をしました。駅の名前でも何でも後ろから読んで、後ろで何か一緒にならないかということを相当考えて、夢にまで見るぐらいにこれに没頭して、そしてこういう訳を作りました。

「猪呵《いか》る」の原語はborascibleです。こんな英語はない。エドワード・リアはこういう「リア語」を作るのが得意でした。造語好きでした。このborascibleには、irascible「いらついている」という意味の英語がひびいている。それにboar、猪《いのしし》が苛立っている。「呵《か》」は良心の呵責《かしゃく》という言葉は知ってるでしょうが、「呵」には怒るという意味もあります。

## その角をミギリに入ってください

リアが造語好きだったように、ぼくも造語翻訳好きです。訳せそうにないものを訳すのが好きなんです。

それは日本語の豊かさを信頼していて、探せば必ずぴったりの語が見つかるという信念があるからです。いろいろな翻訳作業を実践するなかで、日本語の発見をすることもしばしばあります。

『フィネガンズ・ウェイク』を翻訳していたとき、左leftと右rightが逆になるのを訳さなくてはならない箇所がありました。leftがreft（reaveという動詞の過去形・過去分詞）になって、rightがlightになっている。LとRが入れ替っているんです。

そこで「ひだり」を「襞《ひだ》」と訳して、落っことした「り」を「みぎ」にくっつけて「砌《みぎり》」に変えればいい――「幼少のみぎり」という言回しは知っていますね――それで名訳だろうと思った。ところが「右」のことを「みぎり」ともいうのを、このとき知って愕然《がくぜん》としましたね。「みぎ」を「みぎり」にしても変わらない、左右逆転にならないんです。この古語辞典（『岩波古語辞典』）にも「右」の意味の「みぎり」が載っています。

余談ですが、このときから一時、ぼくは女房に向かって右をわざとミギリと言うようになって、女房もそれに感染しました。あるときタクシーに乗った女房が、「あそこをヒダリへ行ってください」――これは通じます。ところが「そこの角をミギリへ入ってください、ミギリです」――運転手さんはギョッとしたようにふり向いたそうです。

もう一つ余談ですが、『フィネガンズ・ウェイク』を翻訳して十年以上たってから、平田篤《あつ》胤《たね》『古史徴開題記《こしちようかいだいき》』という本でミギリに出会いました。辞書でしか見たことがない語に本の中で出会うというのは嬉しい体験です。きみたちもきっと同じような体験をするのではないでしょうか。

## エドワード・リアとはどういう人物か

エドワード・リアをなぜテキストにとり上げたかというと、この人は生まれて今年（二〇一二年）で二百歳になる人です。つまり、生誕二百年。二百年記念のリア本が出て、その翻訳を依頼されて、すでに完訳していますが、発売前に特別きみらに披露《ひろう》しようと思って、宿題にしたあの材料を選んだわけです。

エドワード・リアという人は変な人でしてね。きょうだいが当人を入れて二十一人。二十一人ですよ。ですから、たとえば兄弟でヘンリーというのが三人ぐらいいる。なぜかというと、生まれたらすぐ死んじゃうから、またヘンリーという名にする。シャーロットという女きょうだいも三人ぐらいいる。二十一人でこのエドワード・リアは二十番目です。

きみらは大体何人家族でしょうか。ぼくは七人きょうだいです。七人もいるっていうのはきみらにすると、「なんじゃ、それは」というふうに多分思われると思いますが、ぼくらの時代にはそう珍しくなかった。エドワード・リアの時代にも、ずいぶんこういう大勢の姉妹、兄弟の家庭はありました。

エドワード君は二十番目の子供ですから、お母さんも相当な年なんですが、で、またすぐ二十一番目が生まれてきますからね、リアにかまっちゃいられないんです。それで、十三歳か十四歳かもっと年上のお姉さんがお母さん代わりにエドワード君を育てます。

おまけにこのリアという人は、喘息《ぜんそく》と、それからてんかんの発作があったんです。ぼくは自分の体験として喘息やてんかんという体験はないんですが、想像はできます。それがどれほど人間を孤独に追い込むか。発作に襲われると、他人と隔絶《かくぜつ》される、他人とまったく接触できない孤独ですよね。本当にもう誰も頼れる人などいるものかみたいな、多分そういう気持ちになる。とても大変な状況だと思います。

にもかかわらず、逆に、きみらの宿題に出したように、とんでもなく、ちょっと気がおかしいんじゃないかというようなナンセンスなものを書いた。おまけにそれに絵をつけて、さっきのようなへんちくりんな絵をつけて、そして、イギリス文学史に燦然《さんぜん》と名を残している人です。これがエドワード・リアなんですね。

なお、リアの本職は画家です。非常に精密《せいみつ》な植物画を描いている。当時はもちろんデジカメなんてありませんし、カメラで写して載せるってこともできませんから、図鑑の模写絵はほとんどみんな画家が描いた。画家が細密画《さいみつが》を描いた。そういう緻密《ちみつ》な作業をやるのと同時に、こういうふうにバーンとはじけたものを書く人でした。

## 英語では親指は指の仲間ではない？

宿題に提出したリアのナンセンス詩を見ていきましょう。

「リアさんって人、とっても愉快！ *How pleasant to know Mr. Lear!*」と題されたリアの自画像、というか戯画《ぎが》像にこうあります。

He has ears, and two eyes, and ten fingers,
Leastways if you reckon two thumbs;
Long ago he was one of the singers,

But now he is one of the dumbs.

両耳、両目、十本指をちゃんとそなえて
　指折りかぞえる御自《おんみずか》ら
昔むかしは五指に入る歌手の名を得て
　その声いまや蛻《もぬけ》の殻《から》

He has ~ ten fingers は、指を十本持ってる。むずかしくないですね。ところが次に、Leastways if you reckon two thumbs とある。「少なくとも二本の親指を勘定に入れるなら」とある。これが瞬間的にはわからないか、わからなかったかと思うのですが、どうでしょう。われわれ外国人にはパッとわからないのが普通です。いいんです、わからなくて。

どういうことかといえば、英語の親指 thumb は指の仲間じゃないんです。first finger は一番目の指ですが、これは親指ではなくて人差指です。third finger は三番目の指ですが、これは中指でなくて薬指。

His fingers are all thumbs. ——これを齋藤秀三郎はたんに「不器用者」と訳しています。

それで、この訳は困った。訳せないですよ、こんなの。本当に訳せない。しかも韻を踏まなくちゃいけないですから。しかし、こういうことにかけては自称天才ですから、どうにかできる。どういうふうにできたかというと、指をなんとか出してやりたいんで、「指折りかぞえる御自《おんみずか》ら」と訳してますね。そして、それが四行目の「その声いまや蛻《もぬけ》の殻《から》」で、カラをうまく韻を踏んだんですね。

## 文学史上最も有名な猫のひとり

次のフレーズに行きましょう。

He has many friends, lay men and clerical,
Old Foss is the name of his cat;
His body is perfectly spherical,
He weareth a runcible hat.

友は大勢、巷《ちまた》の人にも牧師さんにもなつっこい

愛猫フォスを人もうらやむ可愛がりよう
図体いやはや丸っこい
乱歯振《らんしぶる》いの帽子を愛用

友達が大勢いると書いてます。これは誰でも読める英語です。
He has many friends, lay men and clerical――このlay menというのが日本人にはなかなかわからない。向こうはほとんどの人がキリスト教信者ですから、信者だけども教会で何か職業を持ってるわけじゃなくて、牧師でも何でもない。しかし、信者は信者。そういうときによく出てくるのが、lay men素人の人間という英語です。「平信徒」という訳語もありますが、ごく普通の人にも友達がいるし、牧師さんにも友達がいるというふうに解釈すればいいでしょう。「Old Foss愛猫フォス」というのは有名なリアの猫です。文学史上最も有名な猫のひとり――ぼくは猫をひとり、ふたりと言います。
「乱歯振《らんしぶる》いの帽子を愛用」という、何語じゃこれはというふうな日本語が出てきます。原語を見ますと、
He weareth a runcible hat.
このruncibleという語は、さっきのborascibleと同じくリアの造語、リア語です。プリン

トにあるように、Kurume と同じくＯＥＤにも立項されています。で、ＯＥＤには語源が書いてあるんですが、ぼくはこのＯＥＤの語源説をとらないんです。ある学者らしき人物の解釈をそのまま引用しているのですが、ちょっとこれは無理があるんじゃないかと。

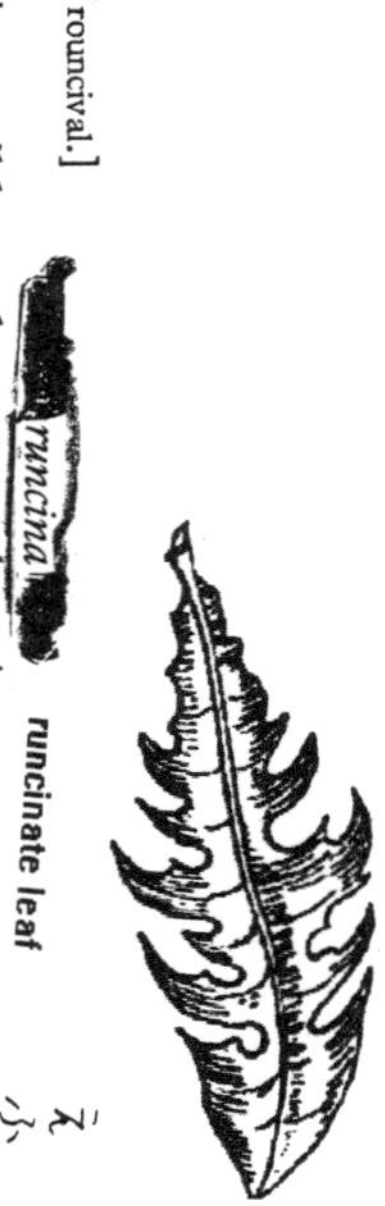


**runcible**, *a.*

(ˈrʌnsɪb(ə)l) [Prob. a fanciful alteration of rouncival.]

A nonsense word used by Edward Lear in **runcible cat, hat,** etc., and esp. in **runcible spoon,** in later use applied to a kind of fork used for pickles, etc., curved like a spoon and having three broad prongs of which one has a sharp **edge**.

The illustrations provided by Lear himself for his books of verse give no warrant for this later interpretation.

ぼくの runcible の解釈は、runcinate という英語があるんです。そこに葉っぱの絵がありますね。葉っぱ、runcinate leaf ――これがその runcinate という葉っぱなんですね。

ぼくは植物について詳しくないのですが、葉っぱのこの出っ張りがこう、茎の根元のほうへ行ってる、そういう葉っぱ。タンポポの葉などがそういう形をしていますね。絵の左横に見えるようにラテン語の「かんな」という意味の *runcina* からきた言葉です。かんなで削《けず》ったみたいなという、そういう意味なんですが、とにかくこれをエドワード・リアがもじって作った語だというふうに解釈するのが妥当だという考えをとります。

それで、どんな帽子なのかというと、要するに帽子の先がこんな風にギザギザになってるんでしょう。たぶん古びて、すり切れて、縁《へり》がこんな葉っぱみたいになっている。それでこの音も残したいので、「乱歯《らんし》振《ぶる》いの」としました。

こういうのを名訳といいます。名訳と書いといてください。で、ＯＥＤはこれを「大変大きな」という意味で解釈していますので、もし柳瀬を信じずＯＥＤを信じるのでしたら、まあ、

## どで怪帽子（板書）

という訳になるでしょう。

なお、この葉っぱの下に、平仮名で「えふ」と書いてありますね。この「えふ」の意味わかる人います？　なんでぼくがここへ「えふ」書いたか。わからない？　お、誰か言った？

**生徒**　ヨウ。

**柳瀬**　おお、すごいな。確か今、後ろのほうに父兄の方もちょっといらっしゃるんですが、その中にこの「えふこ」さんがいらっしゃるはずですが、読みはエフじゃないですね。「ヨウ」

と読みます。ヨウ、葉、「葉子さん」です。『徒然草』にすごい記憶力のお婆ちゃんの話があります。内裏《だいり》の建て直しがあったとき、昔はこの窓にこんなぎざぎざはなかったと言う。こんな「えふ」はなかったと言うんです。

## 「死んだネズミ」か「鼠の死骸」か

次に「新奇ないでたち *The New Vestments*」の解説に移りましょう。

最初の四行は、

There lived an old man in the kingdom of Tess,
Who invented a purely original dress;
And when it was perfectly made and complete,
He opened the door, and walked into the street.

テス王国のある老人
いでたち奇抜に凝る御仁

仕上げも念入りとことん手を掛け
意気揚揚と街へお出掛け

これがぼくの翻訳ですが、思わずうなった翻訳が届きました。

王国テスは　一人の老人
新生ドレスは　彼がオリジン
完成しまして　こりゃ傑作
ドアよりでまして　通りを散策

「人」「ジン」、「作」「策」の韻だけじゃなく、「スは」「スは」、「まして」「まして」の韻まで入れてあるのです。いやはや、驚きました。

実は、藤吉先生にも宿題提出をお願いしてあったのです。校務でお忙しい中、こんなに凝ったことを試みてくれて、感激です。「こりしょう【凝り性】柳瀬尚紀」と、筒井康隆さんが書いてくれたことがありますが（二〇頁参照）、「こりしょう【凝り性】藤吉博範」と、修正してもらいましょうか。

さてリアのこの老人、奇抜な発想の筒井康隆さん以上に奇抜ないでたちでお出掛けになる。

His Shirt was made up of no end of dead Mice,
The warmth of whose skins was quite fluffy and nice;--

シャツにはぞろぞろ鼠の死骸
ぬくぬくふわふわ意外も意外

きみらの訳語で多かったのは、「死んだネズミ」というふうにやるんですね。dead Mice となってるんで、確かに死んだネズミなんですが、「鼠の死骸」のほうが普通でしょう。藤吉訳は――「シャツは　ネズミの仏に仏」。うーむ、うまいですね。次の行が「ふわふわほっとけ　ふんわり　ホット毛」となっていて、凝り性藤吉翻訳に感服です。

## 時間の経過を見落してはいけない

He had walked a short way, when he heard a great noise,

Of all sorts of Beasticles, Birdlings, and Boys;--
And from every long street and dark lane in the town
Beasts, Birdles, and Boys in a tumult rushed down.

歩き出すなり聞えてきたよ大騒動
ちびっ小《こ》動物、ちびっ小鳥《こどり》、ちびっ子たちの雑多な一同
遠くの街路や暗い路地からてんでに馳せる
動物、小鳥、ちびっ子たちが押し寄せる

He had walked a short way, when he heard a great noise, ——

ここを間違ってるというか、やや理解しがたかった人がいるようなんで、一応英文解釈的に説明しますと、「彼は短い道を歩いた」と、これは過去完了です。「すると彼は聞いた」という過去形になっていて、歩いたのが時間的に前なんです。まずは歩いて、それから聞こえたわけです。その時間経過を理解すると、「歩き出すなり聞こえてきたよ」という訳語になります。

次のこれは辞書を引いてもなかったでしょう。all sorts of Beasticles ——これは注釈に示しておきましたが、-icle というのが物事をちっちゃくする、そういう接尾辞です。これが日本語

にないので、苦しいんですが、まあ、「ちびっ小《こ》動物」というふうにやってみました。

この詩はこういうふうに締めくくられます。

And he said to himself as he bolted the door,
'I will not wear a similar dress any more,
'Any more, any more, any morre, never more!'

　閂《かんぬき》掛けて独り住まい
「こんないでたち二度とするまい
　二度と二度と断じてするまい！」

これがぼくの翻訳ですが、藤吉先生訳は――

ご老人　扉に閂《かんぬき》　独り言
あんなの着ない　着ればおおごと

二度とやんない　こんな仕事
（この試訳の宿題も……これは戯言《たわごと》）

藤吉先生が見事にこの授業を締めてくれました。

## アナグラムの快い笑い

きみらは、アナグラムもやっていますね。「葉脈」に発表されている自分の名前のアナグラム、実に快い笑いをもたらしてくれます。

東大詐欺《とうだいさぎ》（佐藤大貴）　松明《たいまつ》刺激《しげき》（重松太樹）
後《あと》から吐《は》きな（中原央人）　空《そら》に舞《ま》う虫《むし》（西村壮馬）
私《わたし》、変《へん》やな（渡辺伸哉）　多《おお》く思考《しこう》せい（大串恒誠）
ちくわ進化《しんか》（川口　晋）　酢蛸《すだこ》と茶買《ちゃか》う日《ひ》（安河内隆仁）

アナグラム anagram の語源は「新たに書く、書き戻す」です。日本語の訳語はありません。

藤吉先生に考えていただきましょうか。

齋藤秀三郎『熟語本位　英和中辭典』の anagram には、こうあります。

綴字の謎（例へば Swift が "majesty" を "My! a jest!" と洒落れたるが如し）

Swift は『ガリヴァー旅行記』のスウィフトです。majesty というのは、「閣下」とか「陛下」とかいう意味です。この majesty が、My! a jest! と綴り変えられる。My! は「私の！」ではありません。辞書で確かめてください。たぶん今まで my なんて、辞書を引いたことがないでしょうから。

ただ、ぼくが調べたかぎりでは、このアナグラムを作ったのがスウィフトであるとは確認できません。『熟語本位　英和中辭典』のあとに出た別の辞書（『携帯英和辭典』）では「例へば Swift が……如し」というのが消されています。載っていない。もしかしたらこれを書いたときの勘違いだったのかもしれませんね。

## 回文はむずかしい

きみらは回文もやってるんですね。誰だっけな、自分の作じゃないけど「イタリアでもホモでありたい」というのをネットで見つけた、と書いてましたっけ？
「葉脈」に発表されているのは、

聞いてさんざんさ、定期。
昆布と魚、傘と文庫。
面倒なうどんめ！（せっかく自分で考えたのに、ネットにもあったとのこと）

回文はむずかしい。
ぼくがこれまで作ったのはたった一個です——。

飼いならした豚知らないか。

ぼくの唯一の自慢は、英語の有名な回文“Madam, I'm Adam.”を翻訳したことです。

——はい、アダムだ。マダムだ、愛は。

回文を英語ではパリンドロウム palindrome といいます。「再び走って戻る」が語源らしい。パリンドロウムのサイトがいくつかあるので、たまに覗いてみるのもいいでしょう。覚えやすいのを拾うと、

Do geese see God?
Was it a cat I saw?
Was it a rat I saw?
Too hot to hoot.
Live not on evil.

翻訳に挑戦してみますか?

## ツイッターについての私見

授業後の質疑応答で、ツイッターが話題になった——。

**柳瀬**　ツイッターね。ぼくの主義というか主張を言いますと、ツイッターというのは、はっきり言って嫌いです。

なぜか――。英語のtwitってところを見てごらんなさい。「人のあら探しをする、悪口を言う」。『熟語本位　英和中辞典』では「(人の過ちなどを) 詰《なじ》る」とある。それからtwitter、「鳥がさえずる」「ぺちゃぺちゃしゃべる」。ここからきたのですかね、ツイッター。まともなことをまともにじっくりしゃべるという意味ではない。

「そわそわ」という意味もある。やってることは何かというと、なんかアホみたいなのが世界中にいて、思いつきでしかないものをタッタッタッタッタッタッタッタッタッタッ。これ世界中でやることではないとぼくは思います。それをまあ政治家も利用し、だれそれも利用し……でも、どうもやっぱり変だと思います。

ぼくはパソコンでもそのたぐいはまったく見もしないし、誰かやってると言うと、「そんなものやめとけ」というふうにぼくはいつも言います。しかし、ぼくごときがやめろと言ったってね、世界中それで動いてるらしいから。

(こんなふうに一気に話し始めて、しかし結局こう結んだ。)

柳瀬　やっぱり何か意見を言うにはツイッターなんかじゃダメで、やはりきちーんと相当腰を据えてやらなくてはダメかなという気はしますが、しかし、すでにそういう方向に世界中が動いているらしいので、ぼくは敗北宣言を出します。もうダメです、もう今の地球上の動きではね。

敗北宣言はしたが、それでもなお、ツイッターなるものには疑問をぬぐえない。そもそもケータイも持たないのだから、筆者はケータイなるものに対して前世紀人、あるいは前世奇人なのかもしれない。ケータイを持たないのは、自分のごとき小存在が一分一秒を争うような発信（もしくは受信）の必要に迫られることはありえないと思っているからだ。

女房も小存在だが、ケータイは持っている。そして「先生の今度のリサイクル、行きますか？」とか「ご迷惑お祈りします」とかのメッセージが友人から入る。前者は数人で習っているリコーダー教師のリサイタルの件、後者は父親が他界したときのメッセージ、「ご冥福《めいふく》」が「ご迷惑」になったもの。ケータイがこれほど慌《あわただ》しいのであれば、ツイッターがどれほど慌しいか……想像を絶する。

本書に即して一言だけいえば、中学生にはもっとのんびり、あるいはじっくりしてほしいと思う。

## シャープペンシルには無駄な意識が働く

授業の感想文を提出してもらうことになっていたので、こんなことをしゃべった。

**柳瀬**　宿題を見るかぎり、きみらは文章がしっかりしてるし、ボキャブラリーもなかなかのものなので楽しみです。ただ、一つだけ言っておくと、人に読ませるものですので、文字、下手でもいいけど丁寧に書くというのはまあ、基本のルールですね。それから、一般に鉛筆が薄い。あれ鉛筆なの？　何で書いてるの？

**生徒**　シャーペン。

**柳瀬**　ああ、シャープペンシル。シャープペンシルっていうのはね、ぼくは大嫌いだね。あれはもう直《ただ》ちに今日捨ててちょうだい。

シャープペンシルというのは、手にね、芯《しん》を折らないように折らないようにという無駄な意識が働く。無駄な力が働く。思いきり書けますか。書けないです。でね、何か物を言いたいときに、「なんか、いや、これ折れるんじゃないか」みたいな神経が動いてるとすれば、それはダメなんです。単にちょろっとメモを取るのならいいとしても、少なくとも一定の長さのものを書くにはシャープペンシルは向かない。やっぱり鉛筆で書いてください。

鉛筆というか、まあボールペンでもいいですが、やはり鉛筆がいいですね。鉛筆はケチらないで、百円以上の鉛筆を買ってください。一本百円。で、濃さはね、なるべくなら3Bぐらいがいい。そうすると無駄な力が入らずに手が動く。

ぼくは翻訳をまだ鉛筆でやってた時代、大体4Bとか5Bを使ってましたね。手が楽に動く。指の付け根あたりが真っ黒になりますけどね。鉛筆を何本も削《けず》っておいて翻訳をしました。その後は万年筆になり……ところが今はもう、パソコンのキー……。

書家の石川九楊さんに『縦に書け！』（祥伝社新書、二〇一三年二月）という著書があります。ぼくの何倍もシャーペン嫌いで、そしてパソコンのキー嫌い。ツイッター嫌いのはずです。読んでみてください。

## 感想文から

特別授業の感想文には紹介したいものが何通もあるが、ある生徒からきた次の一通のみ紹介したい。

胸打たれたというか、心動かされた文章だったからだ。

とても内容深いお話だったと思います。柳瀬先生は、ぼくらを優秀だとおっしゃいました。ぼく自身は全くそんなことはありませんが、確かに学校全体で見るとそうなのかもしれないと思いました。ぼくとして、一番印象に残ったのは、エドワード・リアには、てんかんの持病がある、という事です。なぜかというと、ぼくには、てんかんの疑いがかけられているからです。実際、今までに二回程、風呂場でてんかんらしい発作がありました。今はまだ疑診ですが、それだけで、ぼくの生活を変えてしまいました。なにより、家族に心配をかけることになりました。ぼくは、自分の事よりもどちらかといえば家族の方が気にかかります。そういう意味で、てんかんは嫌です。最近の事件では、京都で車を暴走させ、何人もの人をひき殺したというのがあります。その犯人にはてんかんの持病があるらしいですね。事件の時に発作が起きたとは考えられませんが、てんかんの原因はあると思います。てんかんは人を色々な意味で苦しめます。柳瀬先生がてんかんについて少しでも話してくれたことを嬉しく思います。他にも、柳瀬先生のお話を聞けてよかったという事はたくさんありました。生徒の質問にもきちんと答えていただきました。これは難しいなと思うような所も、けっこうあったので、少し反省しています。これからもっと勉強して、もっと柳瀬先生がおっしゃっていたことを理解できるようになりたいと思いました。この講演はぼくらにとって、とてもいい刺激になったのではないかと思います。

# 第4章

## 出雲《いずも》ふたたび——島根県美郷町立邑智中学校特別授業（二〇一二年十月四日）

島根県美郷町立邑智小学校六年一組の十六名（六年生全員）に出会ったのは、最初が二〇〇九年十月、二度目が翌二〇一〇年二月だった。最初の出会いからちょうど三年たった二〇一二年十月、十六名（転校生一人が加わって十七名）は邑智中学校三年一組となっていた。この特別授業の実現には、邑智小学校のときと同じく松本栄野さんと坂井務先生のはたらきかけがあり、邑智中学校・福村郁夫校長の全面的理解があった。

## 特別授業で発言したことの骨子

授業における筆者の発語を、福村校長が「佐比売《さひめ》」という《邑智中学校だより》に簡潔にまとめてくれている。

「最大の奇蹟は言語である」

「人間は知りたがる動物、知りたいという欲求をもともと持つ動物」

「英語の学習は、『大変なことをやるんだ』なんて身構えずにやってみよう」
「英語と友だちになる」
「品のあるものを大切にしよう」

若干の補足を記しておく。

《最大の奇蹟は言語である》
――これは『日本語ほど面白いものはない』で紹介した芥川龍之介の言葉だ。覚えている、あるいは思い出したという表情が生徒たちの顔に読み取れて嬉しかった。

《人間は知りたがる動物、知りたいという欲求をもともと持つ動物》
――アリストテレスの名をちらりとだけ出した。たぶん、記憶に残らなかったと思う。しかし生徒の中から一人でも、数年後か十数年後か、「人間は知ることを欲する動物である」という言葉をアリストテレス『形而上学』の中に見つける本好きの出てくるのを想像したい。

《英語の学習は、『大変なことをやるんだ』なんて身構えずにやってみよう》

《英語と友だちになる》

——英語が嫌いだという生徒が少なくなかった。それでそう言ったのだが、時間も限られていたので、どちらのメッセージも弱かったと反省する。自分の体験からして、英語は高校に入ってからでも間に合うという考えがあるからだ。ただし英語を知るとそのぶん世界が広がるということだけは、これも自分の体験からだが、なんとか伝えられたろうか……。

英語が覚えられなくてもいい、忘れてもいい、人間は忘れるのがむしろ自然だということも語った。

忘（板書）

という文字を板書した。「忘」の本字または古字とされる。

——箱みたいな中に入ったものが、すぐにもこぼれ落ちそうな、ふわっと飛んでいきそうな、そんな字ですね。

そう紹介したこの文字は生徒たちの興味を引いたらしい。この文字が面白いという感想が数通あった。英語よりは漢字のほうが友達になりやすいのは、筆者とて同じである。

## テレビが牽引する国民総幼稚化キャンペーン

《品のあるものを大切にしよう》

――このとおりの言い方ではなかったと思うが、「品のないテレビ」とか「バカテレビ」とかいう言葉は発した。日本は国を挙げてひたすら低俗化の道を突っ走っているという思いが、つねづねある。とくにその風潮を牽引《けんいん》しているのがテレビだろう。下品という品種のニンゲンを育成するのをもくろんでいるとしか思われない番組、下品養成講座か無恥修練講座とでも名づけたくなる番組をたれ流す。

科学哲学者の村上陽一郎氏がこう書いている。

《テレヴィジョンで垣間見る番組のなかで、タレントと称する人々は、どこまでみっともないことができるか、を競い合っているようにさえ見える。》（日本経済新聞二〇一〇年十二月九日付）

タレントにとどまらない。つい先日、NHK・BSプレミアムで「カリスmama」なる番組を見た。見たといっても、ほんの二、三十秒――とても一分間とて付き合うことはできなかった。ど派手な衣装を着て奇抜な化粧をする若い母親がいるのなら、それはそれで勝手だろう。ところがそれをNHKがわざわざスタジオに集めてアホ番組を作る。日本国のほぼ全世帯から徴収する金を使って、そういうアホ番組を作る。

大宅壮一がテレビというメディアによる一億総白痴化を警告してから、すでに半世紀以上たつ。だからNHKはもっぱらそういう視聴者を大事にして公共放送の使命を果そうというのだろうか。BSプレミアムはまともな番組を放映するチャンネルだと思い込んでいた。

低俗化といわないまでも日本国民総幼稚化キャンペーンのようなものを、つねづね感じている。自治体行政があちこちで次々に発表する「ゆるキャラ」なるものも、そんなからくりの一部ではあるまいか。遠くない将来、日本中にゆるキャラの粗大ゴミがあふれはしまいかと心配にすらなる。

というような個人的見解を教室でしゃべることは控えた。ただ、キャラなるものがあふれるアニメや漫画はそろそろ卒業してほしいとは語った。

しかしアニメや漫画の力は強いらしい。一人の女子生徒がこういう授業感想文を書いている。

《私は本を読むことが好きです。しかし、それと同じくらいアニメを見ることや漫画を読むことが好きです。確かに学ぶものがないものもあります。自分が見て「おもしろいな」という感情しか生まれないものもあると思いますが、そんな作品があってもいいと私は思います。読むと気分が明るくなったり、前向きになったりすることもあります。心を動かすことができるというのは、単純にすごいことだと思います。》

こう言われると、こちらの無理解もしくは偏見を衝《つ》かれたような気にもなる。なんらかの返答をしなければならないかもしれない。

## アメリカにも同じ危惧を抱く人が

しかし実のところ、こちらはアニメや漫画にまったく無知だ。アニメや漫画のヒーローやヒロインも知らない。同じ年ごろ、北海道の片田舎にアニメはまだ普及していなかったし、じじむさい子供だったのか、漫画に熱中した体験もない。やがて大学教師になったころ、大学生やサラリーマンまで電車の中で漫画雑誌をひろげるという時代が来たが、そういう風潮にも没交《ぼっこう》渉《しょう》だった。

そういえば、ボディーガードに警護された黒塗りの車に漫画雑誌を同行させる首相も現れた。

筆者より年長のこの人がどうしてそれほどの漫画好きなのか、筆者には理解不能。たしか百億円以上の国費を投じて国立漫画喫茶みたいなものを設立しようとしたり、漢字が読めなかったりという報道もあった。政治にはほぼ全面的に無関心な者とて、日本国が漫画国に変貌するのではなかろうか、あるいはもはや漫画国を世界に名乗っているのか、と、いささか危惧した。

アメリカでも、同じような危惧を抱く人がいた。

マイケル・オースリンという知日派の学者が、ポップカルチャー偏重の対日観を指摘し、アメリカの対日観が軽薄化する恐れを述べている。

《米国人は日本文化を真剣に見つめるのをやめてしまった。》

《大学のなかには、源氏物語や安部公房の代わりに、マンガを読ませるところも出てきた。言い過ぎかも知れないが、多くの米国人は日本を異国情緒に満ちた子供向け文化の発信地とみなすようになった。》

《米国の大学教授たちの中には、日本の国内政治やマクロ経済政策といった難しい課題ではなく、野球やアニメについて教える者も増えてきた。》

《憂慮すべきは、米国で日本の言語、歴史、社会を理解する専門家の数がどんどん減っていることだ。大学でアニメの講座をとった学生たちが、日本を真剣な研究対象とみなす可

能性は低い。》（讀賣新聞二〇〇八年十一月二十日付）

以上のようなことを記せば、多少は返答になるだろうか――と考えていたら、政党マニフェストなるものが漫画仕立てで発表されたというニュースが報じられた。もはや政治も漫画抜きでは動かなくなるらしい。たぶん筆者のように漫画やアニメに首をかしげる日本国民は喫煙者よりも少数なのだろう。それでもやはり首をかしげてしまう。

## 良き生徒と良き先生に恵まれて

三年生は美郷町内で三日間の職場体験学習を行う。保育園、建設会社、多目的施設、消防署、介護老人福祉施設、コンビニ、スーパーなどの現場体験だ。

「佐比売」に生徒たちの感想が綴られている。

《事務仕事ではんこ押しをしました。これはものすごく地味ですがつらかったです。手も痛いし、まだまだあるし…みたいな感じでしたが、やり遂げた後の達成感はすごくよかったです。働くって大変ですね…。お金をかせぐって大変ですね…。いい経験ができたと思

います。》

《人と話すことはあまり得意ではなかったのですが、三日間を通して日に日に話すことが楽しくなりました。忙しい中でも温かく迎えてくださった事務所の皆さんに感謝です。》

《職場体験で大事だったのはあいさつです。一日目は声が小さくて何度も注意されましたが、三日目にはきちっとあいさつができたのでとても気持ちがよかったです。僕はその気持ちをこれからの生活にも生かしていきたいです。》

《私が心に残っているのは一歳児のつくし組の一日です。一歳児と言われてもどのくらい言葉を理解し、言葉を発してくれるのか分からず不安でした。ですが、子どもたちはみんな先生や私が話したことはきちんと理解しているし、できないことは先生に頼む、そんな姿にとても驚きました。》

また、日高博美先生からこういうメールをもらった。

《今日、巡回したときに役場の健康推進課で体験学習をしている男子生徒が、「役場の人は話す相手によって話し方を変えとられたんですよ。検診に来られる方への説明を聞いとったら、初めての人にはわかりやすく丁寧に、初めてではない方には要点だけを簡単に伝えるといったかんじで。電話でも高齢者の方にはゆっくりわかりやすく話しておられたんですよ。」と私に話してくれました。相手のことを考える、相手を尊重する、相手の立場に立って考え行動することはどんな仕事をする上でも、仕事にかぎらず日々の生活の中で一番大切なことだよね、と二人で話して帰ってきました。

来週の月曜日に、また一段とたくましくなった十七人に会えるのを楽しみにしているところです。》

邑智中学校が良き生徒と良き先生に恵まれているのを実感する。

## ゆっくり流れる豊かな時間

宿泊した温泉宿で、寝過ごしたために朝食の時間に間に合わなかった。しかし食堂担当のスタッフが一人だけ残っていて、この女性がちらりともいやな顔をせずに応対してくれた。食堂にはほかの泊り客がいないので、この人との会話を楽しむ。

二十年ほど東京で生活していたが、二年前、生れ故郷のこの地に帰ってきたのだそうだ。

「時間がゆっくり流れるんですよねえ」

出雲空港を降りてから美郷町を訪れて、この朝までずいぶんいろいろな人と会話をしたが、この言葉がもっとも忘れがたい――忘れがたい。

「時間がゆっくり流れるんですよねえ」

実に印象的な発語であった。

近所の人から教わって、自分で米作りもしているという。

「自分で育てるとほんとうにおいしいんです」

おかわりしたシジミの味噌汁をおいしく味わいながら、この地方の自然をおいしく表出する言葉を味わった。

## 「まぶし」に蚕を入れて繭になるまで

三度目になる今回の邑智訪問で、初めて坂井先生の生家へ案内された。数百坪はありそうな敷地の静寂の空間で外の鮮やかな緑を眺めながら、お茶と和菓子をご馳走になる。

祖父の時代は養蚕農家だったと、坂井先生は語る。

幼い頃、家の周りはほとんど桑畑だった。養蚕小屋があり、かつまた母屋《おもや》の一室でも飼っていて、その部屋を蚕室《さんしつ》と呼んでいた。蚕が繭《まゆ》を作る頃になると、「まぶし」というものに蚕を入れて繭を作らせた。部屋を暖かくして飼っていたことを思い出すという。

「蚕食」（一一五頁参照）の語も話題に出した。幼い頃、蚕が桑の葉を食べている様子をじっくり観察していた坂井先生は、この言葉の意味を体験としてよく理解できると語る。

なお、坂井先生は現在（二〇一二年）、大田《おおだ》市立仁摩《にま》小学校教頭。その仁摩町には一トンの砂を一年かけて落とす世界一大きな砂時計があるそうだ。デジタルの時間ではない世界最大の砂時計は、この地の自然の営みとぴったりと寄り添いながら時を刻み続けているにちがいない。


帰京してから、まず『言海』（ちくま学芸文庫、筑摩書房）で「まぶし」の表記「蠶簿」を知る。「えびら」としても立項されている。

ネットで公開されている『倭漢三才圖會《わかんさんさいずえ》』第三十五巻農具類を見る。「ゑひら」「和名衣比良」とあり、なるほどこういうものだったのかと理解する。次の絵が案山子《かかし》、その次の絵が鳴《なる》子《こ》。案山子が揺れて、鳴子が鳴るのが聞こえ、再び邑智へ引き戻されるのが嬉しかった。数日後、本書とは別の仕事でたまたま假名垣魯文《かながきろぶん》『安愚樂鍋《あぐらなべ》』で「蠶紙《たねがみ》」に出会い、坂井先生との不思議な「語縁」を感じた。


福村校長が車で宿に迎えにきてくれて、出雲空港へ。

車中、ハンドルを握りながら、筆者の疲れを気遣うように他愛もない話をしてくれる。妹さんに「命じられて」、日曜日は江《ごう》の川へ鮎を獲りに行くのだそうだ。妹さんは居酒屋ふうの食堂を経営している。だから鮎は数匹ではなく、二、三十匹。

昨日の教室授業で、授業後の希望生徒相手の将棋指導（？）で、そのあとの酒席で、生徒も教員もこの校長を慕っているという確かな空気を快く肌に感じていた。快晴の邑智の自然を走る車中で、その空気を改めて深く吸った。

空港へ着いて、出雲空港の愛称が「出雲縁結び空港」となっているのに気づく。この特別授業が縁で、福村郁夫という新しい友人ができた。

# 第5章　まされる宝——三校の子らへの架空の補講

## 三校からどっさり贈りものが

長浜市立西中学校、久留米大学附設中学校、美郷町立邑智中学校での特別授業を終えた後、三校それぞれの担当の先生から皆さんの感想文が送られてきました。どっさり贈りものをもらったような気持です。

贈りものをイタリア語ではレガーロ regalo と言いますが、これのアナグラムが英語のガロー galore になる。galore は、どっさり、わんさと、の意味です。「贈りもの」と「どっさり」がアナグラムになるのはちょっと面白い――「おくりもの」が「もりのおく」にまで積まれているみたいですね。

アナグラムといえば、久留米の授業を終えて廊下を歩いているとき、ぼくの名前のアナグラムを教えてほしいという質問がありました。ぼくは自分の名前のアナグラムを考えたことがなくて、すぐには答えられず、そのままになっていた。それで東京へ帰ってから、初めて「挑戦」してみました。

やなせなおき――痩《や》せな、起きな……痩せな、翁《おきな》――うーん、ぼくはこのとおり痩せてますからこれ以上、年寄を痩せさせちゃ可哀想ですな。

それでこういう困ったときにも、ぼくは辞書に助けを求める。すると、生れて初めて翁の同音異義語に出会いました。『言海』に収録されている。

おきな　[大魚《オキナ》ノ義カ]蝦夷海ニ棲メリトイフ大魚ノ名、鯨モ畏ルトイフ、詳ナラズ。

大きい魚の意味か（魚は古くは「な」と読まれました）。蝦夷《えぞ》の海（北海道の海）に棲《す》んでいたという大魚の名。鯨も畏《おそ》れていたそうです。しかし詳《つまび》らかではない。詳しくはわからない。

ぼくは蝦夷の産ですが、「おきな」なる大魚のことは聞いたことがなかった。北九州へ行ったのがきっかけで、生れ故郷の海の怪物を初めて知ったわけです。言葉って不思議ですね。

そこで、やなせなおきのアナグラムは「大魚《おきな》や、為《な》せ」となりました。これなら言葉の大海原を泳いで何か為せそうです。

## 隠しメッセージを織り込んだ感想文も

さて、どっさり感想文を読んで、気づかされたことがいくつもありました。教室で言い忘れたこと、言い足りなかったこと……新たに質問も記されているので、それでこうしてここに三校の皆さんが集ったという架空の補講を設けたわけです。

感想文からはどれもきみたちの肉声が伝わってきて、授業を引きうけてほんとによかったという実感があります。

久留米大学附設中学校の諸君がずいぶん頑張ってくれた。「葉脈」で、ふだんからかなりいろんな文章を書く練習をしているし、いろんな言葉遊びを練習しているからでしょう。ぼくが課題として出した「サーモン」（八二頁参照）を真似て、隠しメッセージを織り込んでくれたものが何通もありました。ぼくの名前をアクロスティックで入れたり、「暗号あります」なんて、メモをそえてくれたのもある。

一通だけ紹介すると、こんなのがあります。

失礼な文章を書きます。所詮は中学生と思

って大目に見て下さい。

先生の話は論理の展開が複雑で、いまいち僕には理解できませんでした。しかし、それはつまらなかったわけでなく、先生に会えた天運に感謝しています。というのも自分より才能に恵まれているであろう人に会えたからです。先生の言葉には独特の迫力があって、スローなテンポながらも圧倒されました。

初めは退屈な講義を予想して、次の授業の委員長としてのスピーチの内容を考えてしまってたんです。中途半端にアタマを使って、体裁だけは整えて。それが話を聞いているとどうも良くわからんが、面白い。こりゃ予そうしてたよか凄い人だ、と思い、姿勢を良くするのも忘れて、話の雰囲気に酔いました。

れいのカメラマンさんはその様子を、先生を馬鹿にしているよう感じたのか、ぼくの存在を認めず、できるだけ撮るまいとしています。めい惑をかけているとは思いつつ、腹が立って、意地になってその姿勢を続けました。でも、編集者のかたも足を組まれていましたからこれも大目に見て下さい。

ぼくは将来、世界を動かすような人物になり得ます。もしこの文章を、とっておいて頂けると、価値がでるかもしれません。中学生徒のこの時期特有の戯言ではないぞ、という、かっ固たる自信も伴います。

行頭をたどるとメッセージが浮きあがる。そして欄外に――《PS　本当に失礼で、支離滅裂な文章になってしまいました。ぼくが「折り句」に挑戦するのはまだ早かったみたいです。ごめんなさい。》

## そこでビール飲み飲み6Bの鉛筆で

そこでぼくも、久留米大学附設中学校と同じ原稿用紙、20字×20行＝400字の原稿用紙に、手元に届いた感想文の読後感想文を書くことにしました。

そして、ちょっと凝ってみよう、今までやったことのない形で隠しメッセージを入れよう、と思い立った。とりあえず原稿用紙にこう埋めました。

感想文ありがとう。久留米に来てよかった。

想
文
あ
り
が
と
う
く

そしてビール飲み飲み、６Ｂの鉛筆と消しゴムを使って、あちこち埋めていくうちに出来上りました。

るめにきてよかった。

感想文ありがとう。久留米に来てよかった。
感想をありきたりに記せばそれだけだけれど
感嘆文あり疑問文ありアクロスティックの着

想工夫ありのきみらの文章には未熟とはいえ想像力ありあまる可能性が秘められてそんな想定はありがた迷惑かな。でもとまら序《つい》でに文語のありのとわたりを教えてもよかった。文才がありそのうえ若さ充満の諸君は今日の文学のありふれてくだらない言い回しの目にあまるありように怒るべきだとぼくは思うね。あん号ありますというメッセージのほかに屁理屈もあり誤記もあり斜にかまえた批評もあり実にありとあらゆる思春期特有の精神活動がありありと読み取れてかつての青くさい自画像がありゃりゃ幾つも浮んでよみがえる。とまれアリアドネの糸みたいに画家の名リアと逆のありをこうして横に並べて綴ったがもう一度ありがとうの言葉を吃っちゃった。

書出しの「感想文ありがとう」が、最上段で右から順に、「感感感想想想文文文ああ理りが画ととう」と、吃っている。上から四字目と五字目は、ずらりと「あり」を並べた。テクストに使ったエドワード・リアも助けにきてくれて、助けといえばアリアドネはギリシア神話で王子テセウスの迷宮脱出を助けた娘です。

久留米附設は男子校（二〇一三年以降男女共学に）なので、ついつい「とまら」に脱線してしまった（一二八頁参照）。共学なら、たぶんそんな横道を覗きはしなかったでしょう。その「とまら」がここで「ありのとわたり」を連れてきました。意味は国語辞典を覗いてください。

## 次に長浜市立西中学校からの感想文への読後感を

同じく20字×20行＝４００字の原稿用紙を使って、長浜市立西中学校の感想文の読後感をこういう文章にまとめました。

滋賀県長浜市西中学校での僕の拙い特別授業がガタピシ立付けの悪い襖《ふすま》を開《あ》け閉《た》てしただけのけっして濃い内容ではないとしても皆さ

んが喜んでくれたのならばそれは僕の功績でなく言葉に内在する力のおかげでしょうね。我慢しつつ仕方なくつきあってくれたわけではなく一種の知識欲のようなものが文面に垣間見える。頬がゆるむことしばしばでした。至極うれしいのは宇宙開発能力より言語能力に人間の人間らしさの本質があるという僕の思想が多分伝わったらしいこと。日本語のまちがいを再三繰り返してゆくうちに零ゆや肖ゆや阿諛など言葉の世界がふくらむんだと思うと書いた人もいてとても立派な感想文だ。のたくるみたいな文をこうしてわざわざ刻んでいるのはさっき台所でゑびすビールをごくんと飲んでから6Bの鉛筆でてにをはを工夫しつつこの原稿用紙を埋めて日本語の素顔の予期せぬ輪郭を浮彫りにできるなら日本語集

う曳山祭に与る気分になるからだ。浅ましい！

長浜西中のお母さんたちとは、懇親会や京都競馬場ツアーやメールのやり取りなどを通して、とても親しくなりました。

長浜西中の特色を、あるお母さんがこんなふうに話してくれました。

「(長浜西中の特色は) 伝統文化を授業で採り入れていることだと思います。百年続いている曳山祭を子供たちに伝え守っています。祭以外にも、お茶、お華、お琴、しゃぎり、剣舞など、興味のあるものを学校で習う時間があります。他の中学校ではないかと思われます。伝承の精神みたいなものでしょうか」

筆者の文章は、最上段で右から順に「滋賀県長浜市西中の伝承」、右上から斜めに「滋賀県西中の主婦パワーはすごい」というメッセージが隠れています。主婦パワーのすごさに感嘆符が二十字詰原稿用紙の欄外へ飛び出しました。

## 「やばい」についてひとこと

邑智中学の三年生女子から、こういう質問がありました。そのまま引くと――

《最近はすべて（うれしい時、かなしい時、）に関して「ヤバい」と言います。ヤバいの本当の意味、ヤバいの使い方はどうなんでしょうか？》

「ヤバい」と書いている。「ヤバイ」と書こうか、「やばい」と書こうか、と、迷っているのが手書きの文字から読み取れます。「〜い」という語尾から形容詞だと判断して、ところが「ヤバ」だけが浮いて、意味を取れないでいるのですね。

ぼくもちょうど同じ年ごろに、「やばい」という語を耳にするようになったと思います。

まず、「やば」から説明します。

『東海道中膝栗毛《とうかいどうちゅうひざくりげ》』という物語は知っていますか？　弥次さん喜多さんの東海道五十三次めぐりですね。二百年以上前に書かれたどたばた物語です。たいへん面白い。面白いからぜひ読んでください――とは、実は言いにくい。下品といわないまでも、お品がないんですよ。

おしっこの話がよく出てくる。「ひょぐらんせひょぐらんせ」――「通りゃんせ通りゃんせ」

じゃなく、「ひょぐらんせひょぐらんせ」――これは弥次さん喜多さんの乗った船の船頭の台詞《せりふ》、船べりでおしっこしなさいと言ってるんです。「ひょぐる」は、「おしっこをする」の意味です。ただし、品の良い言葉ではない。そのおしっこを土瓶《どびん》みたいなものにひょぐっちゃって、それをお酒だと思って飲んだりする――いやはや、お品がない。

「糞《こへ》も絹ごしにしてかけます」なんて台詞も出てきて――いや、これは今すぐ忘れてください。せっかくおいしい絹ごし豆腐を口に入れたとき、ふっとこの台詞を思い出したりしてはまずい。おおいにまずい。

　そういうどたばたの中で、弥次さん喜多さんは船を乗り違えて、その船から下りるとき他人の風呂敷包みを持ってしまう。すると船客の一人にこうどなられる。

「おどれら、やばなことはたらきくさるな」

『東海道中膝栗毛』は当時のベストセラーで、次々に続編も出ました。そのシリーズの一つに、こう書かれている。


　《やばなことするとは、御法度《ごはつと》をそむくをいふ上《かみ》がたのつうげん也《なり》》

「御法度《ごはつと》」とは、法律などで禁じられていることです。「御法度をそむく」は、今なら「御法、度にそむく」という言い方がふつうでしょう。当時は「御法度をそむく」もふつうでした。「上《かみ》がた」は、今でいう関西。「つうげん」は漢字で書くと通言、特定の土地や社会で使われる言葉という意味です。

「おどれら、やばなことはたらきくさるな」へ戻ると、「おどれ（ら）」は、人をののしるときに使う「きさま（ら）」。「はたらきくさる」の「～くさる」は、やはり人をののしるときに使われる。「いばりくさる」とか「寝くさる」とかいう言葉もありますが、ま、使わないほうがよろしい。

「おどれら、やばなことはたらきくさるな」を翻訳すれば、「てめえら、けしからんことをしやがるんじゃねえ！」とか「おめえら、不届きなまねしやがるんじゃねえ！」とか、そんなふうになります。あまり品のよくない言葉のようですね。

　そういう「やばな」が、いつの時代からか「やばい」になりました。『大辞林』（三省堂）を引くと、

〔「やば」の形容詞化。もと、盗人・香具師（やし）などの隠語〕

　辞典によっては「もと」のあとに、「犯罪者仲間、非行少年」などを加えているものもあり

ます。ですから生まれはよろしくない。

そういう出自《しゅつじ》は大人になってから知ったのですが、この言葉が最初に耳に入ってきた頃から、まわりで流行《はや》り始めた頃から、ぼくはなにか違和感があって、自分では使えなかったし、使わなかった。どうもしっくりしなかった。

そもそもじじむさい子供だったのか、昔から、はやり言葉、流行語になじめないんです。今でもそうです。「アバウトな～」「ブレークする」「スルーする」「クール」などを口にしたことは一度もありません。新聞でも目につくようになった「直近《ちょっきん》」「真逆《まぎゃく》」「べた～」なども、一度として使ったことがない。最近知ったネット用語の「～なう」などは、見ただけで気持が悪い。ぼくの語感は偏屈《へんくつ》なのでしょうか。

## 浮雲のように微妙な立場の言葉

「やばい」へ戻りますと、この語で記憶に鮮明に残っていることがいくつかあります。

まず、ぼくの書いた『日本語は天才である』について、歌人の穂村弘さんと対談したときでした。穂村さんが対談の冒頭でいきなりこう言ったのです。

この本は、表向きは日本語についての講演、という啓蒙的なスタイルをとっており、教えられることもたくさんありました。しかし、読後感は、かなりやばいところがある本ですね。(「波」二〇〇七年三月号)

穂村さんは日本語のプロ、しかも短歌のプロですから、なにか語を発するときにはその舌ざわりなり歯ざわりなりをわかっているはずです。その語が聞き手の耳にどんなふうにひびくかもよくわかっているはず。その人の口から「やばい」が飛び出したので、いささかうろたえました。しかもほめ言葉として発せられたのです。「啓蒙的なスタイル」にくるみながら、実はかなり危険な言語観を読者に突きつけている——そういう意味のほめ言葉です。

穂村さんは、ぼくより二十歳ほど年下です。「やばい」という語をなんのこだわりもなく発する世代なのだと知りました。

それからある日たまたま開いた『例解漢和辞典』(三省堂)の【剣呑】(けんのん)に、

《俗にいう「ヤバイ」》

という注釈が目に入り、これにもびっくりした。漢和辞典の語釈に「ヤバイ」が使われているのですから、ぼくの語感はやはり古いのかもしれないと思いました。

こんなこともありました。穂村さんよりもう少し年下の二人を河豚《ふぐ》の店に案内したときです。老舗《しにせ》広東料理店の四代目シェフと最先端の空間プロデューサー、どちらもぼくが一目おいている品のいい友人です。河豚の刺身を味わうなり、この二人が「やばい！」「やばい！」と言い交すのです。

帰宅してから『新明解国語辞典』（第七版）を開くと、こういう記述がありました。


《最近の若者の間では「こんなうまいもの初めて食った。やばいね」などと一種の感動詞のように使われる傾向がある。》

将棋のテレビ中継をよく観るのですが、近頃、三十代前後の棋士の解説で、「あ、この手はやばい」という発言を一度ならず耳にします。以前は聞いたことがありません。どうやら「やばい」は、日本語の中でごく一般市民として生きている語だと認めないわけにはいかないようです。

とはいうものの、たとえば、——

「インコース胸元ぎりぎり、おっとやばい！」と、野球の実況アナウンサーは言いません。

「白鵬、上手が取れない、これはやばいか！」と、大相撲の実況アナウンサーは言いません。

「(本命馬が) おや、伸びないぞ、やばいやばい！」と、競馬の実況アナウンサーは言いません。

「これぞ、ヤバイ味！」というコマーシャルも見ません。

ということは、日本語社会ではまだ「やばい」の市民権を全面的に認めていないようでもあります。

ですので、「やばい」は、ぼくのボキャブラリーの中で、いうなれば浮雲みたいな語です。浮雲というのは、假名垣魯文《かながきろぶん》という明治の人が、『西洋道中膝栗毛《せいようどうちゅうひざくりげ》』という滑稽本で「危ない」を「浮雲い《あぶない》」と書いているのです。昭和になっても「危ない」を「浮雲い《あぶない》」と書く人はいました。「やばい」はぼくにとって浮雲語《うきぐもご》で浮雲語《あぶなご》なのです。聢《しか》とつかまえることができなくて、いまだに自分で使えないのです。

なお、膝栗毛の栗毛は馬の意です。だから膝栗毛とは、馬に乗るんじゃなくて「膝馬《ひざうま》」に乗る、つまり徒歩で行く。また、英語にもこれとそっくりな言い方があります。on shanks' mare——shanks は両脛《りょうずね》、つまり「脛馬《すねうま》」に乗って、てくてく歩く。ぼくの学生時代には「テクシー」という言葉が流行っていました。これも自分で使っていたという記憶がありません。

## 朝顔とmorning-gloryとmorning face

齋藤秀三郎がすごい人だったという例をもう一つ見てもらいましょう。

朝顔に　つるべ取られて　貰ひ水

という俳句があります。江戸時代中期の女流俳人・加賀千代女《かがのちよじょ》の作で、日本人なら誰でも知っている――はずだと思っていましたが、若い人たちは知らないらしい。お父さんかお母さんに、あるいは先生に、ぜひ教えてもらってください。

この俳句を齋藤秀三郎はこう英訳している。

The morning-glory, lo!
Hath robbed me of my bucket, O!
And I a-begging water go.

今のきみたちの英語力でも、辞書と格闘すればなんとか読めるのではないでしょうか。
植物の朝顔、花の朝顔は、英語で morning face ではありません。ぼくはこの英語 morning-glory を齋藤秀三郎のこの英訳から学んだことを今でも覚えています。

しかし morning face という英語もあります。
実はきみらの先生たちに、メールでこういう質問をしました。

《朝、登校してくる生徒たちの顔を shining morning faces と言った場合、日本語ではどんな表現になるでしょうか。》

先生方から次のような返信をもらいました。

長浜市立西中・堤慎二郎先生《「shinning morning faces」からイメージする言葉は「朝日に輝く生徒の素顔」「朝の陽光にきらめく生徒の瞳」あたりでしょうか。》
久留米大学附設中・藤吉博範先生《英語科の先輩の森上先生に相談しました。「輝く」のは内面を見て取れるということです。生徒達がにこやかに正門からの道を談笑しながら歩いているところは想像しやすいと言えます。また、一晩寝て疲れもとれてエネルギーに満ちたというイメージもあります。shining はそのようなものかと考えます。なお、shining は faces を修飾していると、解釈しました。「明るく輝く朝の顔」といったところでしょうか。もしかしたら、高良山からのぼってくる朝日を受けて輝く顔なのかもしれません。》

邑智中学校・日高博美先生《事務職員の久保田さんと私とで相談して「朝の笑顔」または「朝のさわやかな笑顔」としてみました。》

坂井務先生《朝の生き生きした表情、朝の輝く表情、朝の明るい表情——こんな表現でいかがでしょうか。》

ある先生がこう付け加えています。《たとえば、朝の出勤風景を考えて「サラリーマンの shining morning faces」とは言いにくいと思います。》

おかしくて、思わず吹きだして笑いましたが、サラリーマンの方たちに悪いので、どの先生かは——who shall be nameless（その名は伏せておきます）。

こうした返信をもらって、とても嬉しくなりました。どの先生も、毎朝、よし今日も精一杯教えようという意欲に充ち満ちて教室にむかう——そんなイメージがぼくの目の前にくっきり浮びます。そしてきみたちのそれぞれに輝く「朝顔」が、教室に入ってくる先生を待つ——もちろん、友達同士でわいわいがやがややりながらですけれど。長浜西、久留米附設、邑智の三校の朝のすがすがしい空気がメールから伝わってきました。

## きみたちの「朝顔」のずっと先にある未知の言語空間

ところで、シェイクスピアの『お気に召すまま』という芝居にshining morning faceというのが出てきます。“All the world's a stage”「この世はなべて一つの舞台」で始まる、シェイクスピア劇の台詞としては有名なものの一つです。

All the world's a stage,
And all the men and women merely players:
They have their exits and their entrances;
And one man in his time plays many parts,
His acts being seven ages. At first, the infant,
Mewling and puking in the nurse's arms.
And then the whining school-boy, with his satchel

And shining morning face, creeping like snail
Unwillingly to school.

坪内逍遙の翻訳では、――

人間世界は悉く舞臺です、さうしてすべての男女が俳優です。めい〳〵が出たり入ったりして、一人で幾役をも勤める、一生は先づ七幕が定《きま》りです。初めは誰れしも赤ん坊で、乳母《ばアや》の手に抱かれて、おぎゃァ〳〵といって、涎を垂らす。その次ぎは鼻を鳴らして泣く小學生徒。鞄をぶらさげて、起きて洗ったばかりのてら〳〵顔をして、いや〳〵學校へと蝸牛《でん〳〵むし》のやうに歩く。

「テラ〳〵」は近頃ほとんど耳にしなくなりましたが、たとえば『吾輩は猫である』で「主人は湯上がりの顔をテラ〳〵光らして晩餐を食つて居」ました、とあります。

中学生の皆さんがこのシェイクスピア英語を理解する必要はまったくありません。坪内逍遙の訳文も、よくわからなくても結構です。

ぼくがこの英語と逍遙翻訳を持ち出したのは、きみらの「朝顔」の前方には、ずっと前方には、きみらのまだ知らない朝顔空間、朝顔言語空間が存在するということを示したかったからです。たまたまぼくは知っているけれど、もしかすると先生たちにとっても未知の言語空間が――言語芸術と呼んでもいい空間が――存在する。そんなことを漠然と頭のすみっこに残しておいてほしいと思います。

## 齋藤秀三郎英和の新版について

現在入手しがたくなっている齋藤秀三郎『熟語本位　英和中辭典』について、岩波書店から次のような事前情報を得ました。

・二〇一五年に初版刊行百年を迎えるのを期に、『熟語本位　英和中辞典　新版』（仮題）の刊行を準備中。
・この辞典の古典的な価値を考え、原文には削除や内容的な修正を行わず、読みやすい版面に組みかえて読者に提供したい。
・常用漢字・現代かな遣いを採用する。

・「羅馬」（ローマ）や「愛蘭」（アイルランド）のような表記や「蘇方」（スコットランド方言）のような略語をカタカナを使ってわかりやすくする。
・今日の読者が使うのに支障がないよう最小限のアップデートを図りたい。
・原著刊行後に新たに生じた語義を加え、今日ではまず使われない語や語義にはその旨の注記を加える。
・明らかな誤植や誤りは訂正する。

「読みやすい版面」になるのは歓迎です。handを引くと、いきなり「股肱《ここう》の臣《しん》」とあります。forの項目には「兄弟墻《けいていかき》に鬩《せめ》ぐ」がある。ルビはぼくがふったものです。ルビはどんどん入れてほしいですね。

readyの項目には「早速（さそく）の」とある。「早速《さっそく》」は、もともとは「さそく」という読みでしたが、今では耳にしません。でも、せっかく齋藤秀三郎がルビを書き入れているので、このままにしておいてほしい気もします。on one's headの「鯱鉾（しゃちほこ）立ち」もそのままでよいでしょう。

常用漢字が用いられるのはやむをえないですな。ただ、『熟語本位　英和中辞典』でずっと旧字に接してきた者としては、常用漢字一色になるのは惜しい気もする。

たとえば新潮社の住所を書くとき、ぼくは神楽坂とは書かない。神樂坂と書かないまでも神楽坂と書く。今でも「ぬすむ」を鉛筆や万年筆で書くときは、盗むではなく「盜む」のほうへ手が動く。なぜかというと、芥川龍之介の『偸盜《ちゅうとう》』という作品を知ったのはきみらと同じ年頃だったと思いますが、これが「偸盗」ではなく「偸盜」であるのに目が行ったのです。学校では盗むと教えられていたでしょう。漢和辞典を開くと、「ぬすむ」の字は「次＋皿」でなく、「㳄＋皿」、そして㳄は「氵＋欠」は「よだれ」だと書いてあります。よだれを皿にたらしてうらやむ、それでぬすむわけです。サンズイ氵は水ですが、ニスイ冫だと凍ってしまう。ついでながら次という文字は、正しくは「二＋欠」――次――です。漢和辞典を開いてみてください。

今ならカタカナ書きですませるものが、こんな具合です。

レタス　lettuce 萵苣（ちしや）。

ラブレター　love-letter 艶書、いろぶみ。

ティッシュペイパー　tissue-paper 薄葉（うすえふ）の類。

スープ　soup（洋食の）ソップ、（肉又は野菜の）汁、吸物。

これが全部消えてしまうのも惜しいのではないでしょうか。

二〇一五年の刊行予定、なにがなんでも実現してほしいと心から願います。残念ながらそれまでは品切れ状態ですが、初版の日英社版は、インターネットで読むことができます。パソコン検索はきみらのお得意ですね。『熟語本位　英和中辞典』と入力して簡単に見つかる。そして前置詞の、たとえば with や on や for などを印刷して携帯するのもいい。パソコンの［Ctrl＋P］の操作も、きみらには言わずもがなでしょう。

（補注　斎藤秀三郎・著『熟語本位 英和中辞典』新版は、二〇一六年十月に、「漢字・かな遣いを改め、校注とルビを施し、全文検索のできるＣＤ－ＲＯＭ付」で岩波書店より刊行された。）

# あとがきにかえて——日本語の天才性

＊本稿は集英社の季刊誌「ｋｏｔｏｂａ」二〇一二年秋号に掲載された「翻訳でわかる日本語の天才性」の全文である。その後、久留米大学附設中学校の文集「葉脈」（二〇一三年三月刊）に転載された。一連の中学での特別授業を終えた後、著者がそれらの体験を踏まえて日本語と翻訳の問題を改めて取りあげたものと考え、「あとがきにかえて——日本語の天才性」と題し、ここに再収載する。（編集部）

小学生との特別授業の模様を描いた拙著、『日本語ほど面白いものはない——邑智《おおち》小学校六年一組　特別授業』（新潮社）を出したところ、最近、福岡県の久留米大学附設中学校から日本語指導の依頼がありました。

そこで行われている教育に、私は強く興味を惹《ひ》かれました。学校の授業の一環として、アナグラム（文字を入れ替えて別の言葉にする言葉遊び）を作ったり、自分の名前を折句（各句の初めに、ものの名前を一字ずつ織り込む言葉遊び）にして詩を作ったり、回文に取り組んだりと、実に面白い試みを行っているのです。生徒たちの作品が冊子になっていますが、見事なものでした。今、この中学校を含めて三つの中学校での特別授業をまとめた本を書いていますが、活字になる前に、いくつか生徒たちの折句の作品を紹介しておきましょう。

大部徹郎

大《おお》きな
大《おお》きな
豚《ぶた》を
手《て》で
捕《つか》まえて
ローソンに
売《う》った

大久保佑哉

丘《おか》の上の
大《おお》きな
草《くさ》が
ぼうぼうと生えている所で
ゆっくりと動いている
うさぎを
養《やしな》っている

各行の頭の字を拾っていくと、それぞれ、「おおぶてつろう」「おおくぼゆうや」と、作者の名前を織り込んでいることがわかります。回文もたくさん載っていました。私は、回文を作るのは苦手で、「飼《か》いならした豚知《ぶたし》らないか」くらいしか人に披露できるものはありませんが。

久留米大学附設中学校は、学力が全国でトップクラスの名門校なのですが、勉強だけでなく、こんなに楽しいことを取り入れる余力があるのかと驚いたものです。それと同時に、子供たちに、こういうものがあるのだということを教えると、とても柔軟に受け入れてくれることを実感しました。

☆

私が最初に翻訳を始めたのは、前衛文学の作品でしたが、ルイス・キャロルの翻訳を行うようになってからは、原典の英語で使われている修辞の多様さ、多彩さに驚き、これだけ面白いのだから、それと等価であるような訳文を作りたい、という気持ちが生まれたのです。翻訳者は、ある作品に対して、気が進むから、楽しいから翻訳を行い、「訳者冥利《みょうり》」を味わうのだと思っています。

それ以来ジェイムズ・ジョイスをはじめとしていろいろな翻訳をするようになりました。さまざまな作品がありますが、私は暗いものよりも明るいもの、面白いものがとにかく好きです。よく、「本を読んで泣いた」という話を聞きますが、泣きたかったらタマネギを持ってきて千切りにしたほうが早いじゃないか、と茶化したくなります。

タマネギといえば、以前、

O note the two round holes in onion.

という、ある詩の中の一行を訳したときのことです。

noteは「注目する」という意味の動詞で、この意味では文語としてしか使われません。それで、英文解釈では「おお　タマネギ（onion）の二つの円い穴に注目せよ」となります。「二つの円い穴」とは、onionのスペルの中にある二つの「o」のことですが、noteが改まった言い方なだけにおかしみのある英文です。この英文を日本語訳しているときには、このおかしみと等価な訳がどうしても思い浮かばず、本当に翻訳できないのではないかと思いました。そんな中、ふとした瞬間にひらがなの「たまねぎ」の「ま」と「ね」に円い穴があいていることに気づいたのです！

おお　たまねぎの二つの円い穴にご注目。

これが私の訳です。なんのことはないと思った人もいるかもしれません。しかし私が翻訳者として日本語をいじり回さなくても、日本語の「たまねぎ」には昔から穴が二つあったわけで、私が、ではなく、日本語がこの翻訳をやってくれたのです。このとき、私は、日本語は天才だ、と思いました。

このほかにも、日本語の天才性に気づいたきっかけを挙げましょう。一つは、

You are a Full Moon.（「きみは満月だ」）

You are a fool, Moon.（「きみはバカだ、お月さん」）

前者を後者に聞き違えた、という原文を訳したときのことです。英語の音に対する聞き違いを、違った言語文化である日本語で翻訳するなど、不可能に思えました。それでも、この原文に対し、

「されば、かの満月か」

「去れ、バカの満月か」

と、句読点の位置を変えてぴったりの日本語訳を当てはめることができたのです。

もう一つのきっかけは、「Evil」（悪）とそのアナグラム「Live」（生きる）を訳したときのことです。これを日本語に言い表すため、苦心した結果、「咎」を「各」と「人」に分けるという訳を思いつきました。「咎」には「あやまち、罪」という意味があり、「Evil」に相当します。「各人」という言葉も、われわれはそれぞれの人生を生きていると考えれば「Live」に当てては

まります。私は、この「Evil — Live」＝「咎—各人」という訳の構図が、自分の独創だと思っていました。ところが、漢和辞典を読んだとき、実は、この「咎」という漢字の成り立ち自体が、「各＋人」だったと知り、驚きました。もともと、「各」には「天もしくは神が人に下す」という意味があり、「人」と組み合わせて、「天から人にもたらされる禍《わざわい》、神罰、懲《こ》らしめ」を表す「咎」ができたというのです。私が苦しんでひねり出したことを、漢字はとっくに見いだしていたわけです。これらのことから、私の中では、「日本語だから何でもできるのではないか」という思いが揺るがないものとなり、実践していくようになりました。

また、私の翻訳の日本語の師といってもいい、最近亡くなられた俳人の加藤郁乎《かとういくや》氏との出会いは、私にとってとても大きなものでした。郁乎さんはこんな句を詠んでいました。

昼顔の見えるひるすぎぽるとがる
天文や大食《タージ》の天の鷹を馴らし
（ともに、『球体感覚』）

異化なる Fin again も恋茄子に音ちる
漏斗《ろうと》す用足すトマスアクィナスを丘す
（ともに、『牧歌メロン』）

時間と空間をひとまたぎして、現実的な意味の連関を吹きとばしています。その結果、言葉とリズムが際立って立ち上がっています。こんな句を作る人間が日本にいたのかと、衝撃を受けたものです。

郁乎さんは、私の訳したルイス・キャロルの『シルヴィーとブルーノ』（ちくま文庫、一九八七年五月）に卓抜な栞文《しおりぶん》を寄せてくださいました。そこには「わが朝の文芸物では古くから諧《かい》謔《ぎやく》の腹掛どんぶりが重宝がられてきたにもかかわらず、童蒙《どうもう》相手のオーソドキシー連が借り着のタキシードのチョッキ代りにしているのは、笑うべき哉」とありました。郁乎さんからは、翻訳を進めるうえで、「途方もないエネルギー」をいただいたと思っています。俳句では、定型の中で言葉を扱うことで、かえって言葉が「はねる」というか、「はじける」ような感覚がありますが、この面白さは、翻訳などにも共通するところがあるのではないかと思います。

☆

私が翻訳を行う際、ぱっとすぐに訳が頭に浮かぶわけではありません。頭の中で「熟成」させる時間が確実に必要です。それと、ビールの量です（笑）。ああでもない、こうでもない、と考え続けたあげく、全然関係ないところでポッと思いつくこともあります。

翻訳をしているときは、常に、いくつものフレーズを同時進行で頭に浮かべています。たとえば、『フィネガンズ・ウェイク』を訳したときのことです。原文をずっと読んでいって、ビールを飲んで眠るのですが、夢の中でも、その文が完璧に出てくるのです。そこで突然、妻に向かって「書き留めろ！」と大声を出し、思いついた訳語を筆記させたこともありました。

当時はワープロ専用機の時代でしたから、ちょっといじっただけでデータが頻繁に消えてしまいます。原稿のデータを保存して終了させてから寝ればいいのに、一日分のデータを、保存せずにそのままにしてしまい、それを愛猫がキーボードの上を通って消してしまったこともありました。『フィネガンズ・ウェイク』を半ページ訳すだけでどれだけ大変なことか、猫にはわかりませんからね。それでも、翌日にはやはり自分の訳を覚えていて、復元することができたのです。

思うに、復元ができるということは、翻訳の中での一見支離滅裂な言葉遊びが、その実、ちょうど将棋の一手一手と同じように、ちゃんとつながっているということなのです。将棋の対局後に行われる感想戦では、棋士が、それぞれ、対局中に指した手を完璧に再現しますが、翻訳においても「あの部分があって、この部分があって……」というように、自身の訳をたどることができるのです。

☆

日本語は、ひらがな・カタカナ・漢字・ローマ字・ルビなど、さまざまな表現方法を備えています。それに、多重の意味を持ち、表現の幅を大きく広げてくれる同音異義語・同訓異字なども多くあります。そのような日本語に触れてきた経験から、私は、翻訳というものについて、翻訳者の個性というよりは、翻訳の言葉が日本語のほうから降ってきてくれるものだと考えるようになりました。翻訳をするときには、私は、日本語を通訳しているだけなのです。

私が日本語に惹かれるのは、日本語が、世界の言語からは全く独立した、独特の言語であるからです。たとえば、私の好きな「猫」という言葉についていえば、フランス語の「chat《シャ》」や、ドイツ語の「Katze《カッツェ》」のように、英語の「cat《キャット》」を覚えていれば、欧米諸国で用いられている多数の言語を連想することができます。しかし、「猫《ねこ》」という言葉を使うのは日本語だけです。私は、日本語のこの辺境性、僻地性が好きなのです。

日本語の翻訳力も特筆すべきものです。文字を持たなかったにもかかわらず、日本語は漢字を受け入れ、漢字を自分たちの言語に、自分たちの言語を漢字に翻訳していきました。そこから、カタカナやひらがななど、多彩な独自の文字を創り出していったのです。

少し前になりますが、井上ひさしさんが「日本語で仕事ができることはありがたい」という意味のことを書かれていました。私もかなりの量の翻訳をこなすようになって、ようやくそのことを実感するようになりました。日本語は本当に表現方法が多彩で、翻訳とは「日本語の祭り」であるといっても差し支えないと思います。日本語は天才であり、孤独であり、それでいて豊かな言語なのです。

☆

現在、翻訳に関しては、かつて中野好夫先生が訳したジョナサン・スウィフトの『ガリヴァー旅行記』に取り組んでいます。これまで訳されずに原文だけ出されていた部分も、日本語に訳しています。そういえば、ガリヴァーは、物語の中で日本にやってきていますね。『ガリヴァー旅行記』は十八世紀にできた作品で、当時の社会を痛烈に風刺したものですが、原文は、現代の英語と大して変わりません。ダニエル・デフォーの『ロビンソン・クルーソー』なども同様です。一方で、江戸時代や明治時代の文章は、そう簡単にすらすらと読めるものではありません。この二、三百年の間に日本語は大きく変わったものだと感じます。漢字だけでなく、横文字の文化まで受け入れ、自然に使いこなしてしまう、日本語の「天才的な消化力」が、その変化の原動力といえます。

たまたまいま、スウェーデンのベストセラーの翻訳にも携わっています。その中で面白い部分がありました。物語に暴走族のような若者たちが登場するのですが、革ジャンの背中に、英語で「Never Again」とロゴを入れているのです。はて、このロゴを日本語訳するにはどうしたものかと考えました。彼らが「Never Again」と書いたのは、悪さをして警察に捕まり、留置所に入った経験から、二度とあそこには入るものか、という意志の表れです。そこで、天才たる日本語が私に与えてくれた、このロゴにぴったりの日本語訳を、結びの言葉に代えます。曰く、

一獄一会《いちごくいちえ》。

【謝辞】

本書の刊行に当たっては、以下の方々から多大のご協力・お力添えをいただきました。ここに記して御礼申しあげます。
・滋賀県長浜市立西中学校の皆さん、片山勝さん、大野里美さん、澤崎恭子さん
・福岡県久留米大学附設中学校の皆さん、藤吉博範さん、矢野葉子さん
・島根県美郷町立邑智中学校の皆さん、坂井努さん、福村郁夫さん
文中、役職名等は、当時の現職名のまま記載してあることをお断わりします。

なお、邑智中学校の当時の校長・福村郁夫氏は、二〇一六年八月にご逝去されました。謹んでご冥福をお祈り申しあげます。(編集部)

編集協力——小池三子男

柳瀬尚紀（やなせ・なおき）
1943年北海道根室市生れ。早稲田大学大学院博士課程修了。英米文学翻訳家。主な訳書に、J・ジョイス『ユリシーズ1-12』『フィネガンズ・ウェイク』（河出書房新社）、同『ダブリナーズ』（新潮社）、L・キャロル『不思議な国のアリス』（筑摩書房）、J・L・ボルヘス『幻獣辞典』（河出書房新社）、E・リア『完訳 ナンセンスの絵本』（岩波書店）、R・ダール『チョコレート工場の秘密』（評論社）、D・バーセルミ『雪白姫』（白水社）、E・ジョング『飛ぶのが怖い』（河出書房新社）、D・R・ホフスタッター『ゲーデル、エッシャー、バッハ』（共訳、白揚社）など。主な著書に、『日本語は天才である』『辞書はジョイスフル』『日本語ほど面白いものはない』（新潮社）、『翻訳はいかにすべきか』『ジェイムズ・ジョイスの謎を解く』（岩波書店）、『猫舌三昧』『言の葉三昧』（朝日新聞社）、『翻訳困りっ話』『ユリシーズのダブリン』『フィネガン辛航紀』『ユリシーズ航海記』（河出書房新社）など。2016年7月30日没。

ことばと遊び、言葉を学ぶ
日本語・英語・中学校特別授業

2018年4月20日　初版印刷
2018年4月30日　初版発行

著　者　柳瀬尚紀
装画・本文イラスト　古川タク
装　丁　川名潤
発行者　小野寺優
発行所　株式会社河出書房新社
東京都渋谷区千駄ヶ谷2-32-2
電話　(03) 3404-8611〔編集〕(03) 3404-1201〔営業〕
http://www.kawade.co.jp/
組版　株式会社キャップス
印刷　株式会社亨有堂印刷所
製本　加藤製本株式会社



Printed in Japan
ISBN978-4-309-02665-7

## 河出書房新社の関連書籍

### ユリシーズ 1-12
**ジェイムズ・ジョイス／柳瀬尚紀訳**

20世紀最高の小説を最強の翻訳で。小説の技巧のすべてを駆使して甦るダブリン1904年6月16日の「真実」。全18章のうち、第1章から謎の語り手の「発犬」につながる第12章まで。

### フィネガンズ・ウェイク（1/2/3・4）
**ジェイムズ・ジョイス／柳瀬尚紀訳**

20世紀最大の文学的事件と称される奇書の第1部。ダブリン西郊チャペリゾッドにある居酒屋を舞台に、現実・歴史・神話などの多層構造が無限に浸透・融合・変容を繰返す夢の書物。**河出文庫**

### ユリシーズ航海記　『ユリシーズ』を読むための本
**柳瀬尚紀**

天才翻訳家が遺した『ユリシーズ』に関する文章を集成。第12章の発犬伝をはじめ、1922年のパリ、音楽、競馬、13-18章の試訳など、ジョイスフルな言葉に満ちたファン待望の一冊。

### 対局する言葉
**羽生善治／柳瀬尚紀**

史上初永世七冠を達成した天才棋士の思考はどうなっているのか。その意識と無意識、記憶と感覚、脳と心の奇跡のメカニズムに、言語名人が迫る真剣勝負。強さの秘密を知る格好の一冊。